Die Klausur im Strafrecht

In strafrechtlichen Klausuren wird nach der Strafbarkeit von Personen gefragt. Zu prüfen sind die Voraussetzungen für eine Bestrafung. Diese werden auch als Straftatbestand bezeichnet. Die Art und Höhe der Strafe (die Rechtsfolge) spielt erst in Klausuren nach dem ersten Examen eine Rolle.

Beispiel: Der Straftatbestand der Körperverletzung (§ 223 Abs. 1 StGB) lautet: „Wer eine andere Person körperlich misshandelt oder an der Gesundheit schädigt …" Nicht zu erörtern ist die Rechtsfolge „ … wird mit Freiheitsstrafe bis zu fünf Jahren oder mit Geldstrafe bestraft."

Die Strafbarkeit kann sich nur aus einem Straftatbestand ergeben, der im Besonderen Teil des StGB oder in anderen Gesetzen geregelt ist. Mit prüfungsrelevanten Tatbeständen aus dem 16. („Straftaten gegen das Leben") und 17. Abschnitt („Straftaten gegen die körperliche Unversehrtheit") beginnt dieser Überblick im 1. Teil.

Das Gutachten beginnt mit dem Obersatz. In diesem werden die Bezeichnung des Straftatbestandes und das Verhalten, durch das der Täter den Straftatbestand verwirklicht haben könnte, mitgeteilt.

Beispiel: Ein Obersatz zur Prüfung einer Körperverletzung könnte lauten: „T könnte sich wegen Körperverletzung gemäß § 223 Abs. 1 StGB strafbar gemacht haben, indem er O schlug."

Anschließend werden die einzelnen Voraussetzungen des Straftatbestandes (die Tatbestandsmerkmale) geprüft. Sie ergeben sich teilweise erst aus ergänzenden oder konkretisierenden Regelungen des Allgemeinen Teils des StGB (z.B. der Vorsatz aus § 15 StGB). In diesem Überblick werden solche Regelungen des Allgemeinen Teils im 2. Teil dargestellt.

Der Allgemeine Teil kann auch die in den Straftatbeständen des Besonderen Teils genannten Voraussetzungen modifizieren. In solchen Fällen ist schon im Obersatz deutlich zu machen, dass der Straftatbestand in modifizierter Form geprüft wird. Wie derart modifizierte Tatbestände geprüft werden, wird ebenfalls im 2. Teil dieses Überblicks dargestellt.

Beispiel: Für eine Strafbarkeit wegen versuchter Körperverletzung muss der Täter das Opfer nicht körperlich misshandelt oder an der Gesundheit geschädigt haben. Es reicht aus, wenn er dies versucht hat. Der Obersatz einer versuchten Körperverletzung könnte also lauten: „T könnte sich einer versuchten Körperverletzung nach §§ 223, 22 StGB schuldig gemacht haben, indem er nach O schlug."

Bei der Prüfung von Tatbestandsmerkmalen sollten diese so bezeichnet werden, wie sie im Gesetz stehen. Die Formulierung des Gesetzes ist in diesem Überblick fett markiert. Ist ein Tatbestandsmerkmal unproblematisch erfüllt, reicht es aus, dies unter Bezugnahme auf den Sachverhalt in einem Satz festzustellen. Auch kann es sich anbieten, ohne Zweifel vorliegende Tatbestandsmerkmale mit anderen zusammen zu prüfen.

Beispiel: Im Rahmen einer Prüfung des § 212 Abs. 1 StGB könnte man schreiben: „T hat O, einen Menschen, getötet, indem er ihn erstochen hat."

Nur wenn eine solche Feststellung nicht überzeugend wäre, man also den Sachverhalt nicht ohne weiteres unter das gesetzliche Merkmal subsumieren kann, muss das Merkmal näher erläutert werden. Dann ist es jedoch überflüssig, sein gesamtes Wissen zum Tatbestandsmerkmal darzustellen. Relevant sind nur Erläuterungen, die deutlich machen, warum der Sachverhalt unter das gesetzliche Merkmal zu subsumieren ist. Anders als häufig angenommen, gibt es also nicht die eine Definition eines Merkmals, die bei jeder Prüfung des Merkmals genannt werden müsste. Ein Tatbestandsmerkmal ist nur insoweit zu definieren, wie es für eine überzeugende Falllösung erforderlich ist. Die

Prüfung wird dann in 4 Schritten (Obersatz, Definition, Subsumtion, Ergebnissatz) dargestellt.

Beispiel: Geht es um die Tötung eines ungeborenen Kindes, könnte das Merkmal „Mensch" im Rahmen des § 212 Abs. 1 StGB beispielsweise folgendermaßen aussehen: „Bei O müsste es sich um einen Menschen gehandelt haben. Ist ein Mensch noch nicht geboren, ist er erst dann als solcher im Sinne des § 212 Abs. 1 StGB anzusehen, wenn die Eröffnungswehen begonnen haben. Als O starb, war dessen Geburt zwar noch nicht abgeschlossen, die Eröffnungswehen hatten aber bereits begonnen. Er war daher nach den Eröffnungswehen bis zu seinem Tod ein Mensch." Die Definition, dass ein Mensch vor seiner Geburt ab Beginn der Eröffnungswehen als solcher anzusehen ist, ist in diesem Fall relevant, um die Sachverhaltsangaben unter das gesetzliche Merkmal zu subsumieren. In den allermeisten anderen Fällen ist sie jedoch irrelevant und daher nicht zu erwähnen. Ebenso müsste in diesem Fall nicht ausgeführt werden, was Menschen überhaupt von anderen Lebewesen unterscheidet oder ab wann ein Kind, das per Kaiserschnitt zur Welt kommt, als Mensch anzusehen ist.

Verwirklicht ein Täter mehrere Straftatbestände, macht er sich nicht automatisch wegen aller verwirklichten Straftatbestände strafbar. Welche Regeln für das Konkurrenzverhältnis gelten und wie sie im Rahmen eines Gutachtens berücksichtigt werden, wird am Ende des 2. Teils dargestellt.

1. Teil: Tötungs- und Körperverletzungsdelikte

Die Straftatbestände des Besonderen Teils und die ergänzenden Regelungen des Allgemeinen Teils enthalten objektive und subjektive Tatbestandsmerkmale. Subjektive Merkmale beschreiben Vorstellungen und Motive des Täters, also Umstände, die seine Psyche betreffen. Objektive Merkmale beschreiben sonstige Umstände. Dies können auch Vorstellungen oder Motive anderer Personen sein. Nicht selten beschreiben Tatbestandsmerkmale sowohl objektive als auch subjektive Umstände. Sie werden dann dem objektiven Tatbestand zugeordnet (z.B. die Heimtücke beim Mord).

Soweit für einzelne Tatbestandsmerkmale allgemeine Regeln gelten, wird an der jeweiligen Stelle auf den 2. Teil dieses Überblicks verwiesen. Nicht eigens verwiesen wird bei Vorsatz, Fahrlässigkeit, Rechtswidrigkeit und Schuld. Insoweit gelten immer die Ausführungen im 2. Teil.

A. Tötungsdelikte

I. Totschlag, § 212 Abs. 1 StGB

1. Tatbestand

a) Objektiver Tatbestand

aa) Tatopfer muss **ein Mensch** sein. Ein Mensch ist jede natürliche Person vom Beginn des Geburtsaktes (insbesondere dem Einsetzen der Eröffnungswehen) bis zur irreversiblen Beendigung aller Hirnfunktionen.

bb) Der Täter muss das Opfer **töten**. Einen Menschen tötet, wer den Tod in objektiv zurechenbarer Weise durch eine Handlung verursacht. Für die Verursachung und die objektive Zurechnung gelten die im 2. Teil erörterten allgemeinen Regeln.

b) Subjektiver Tatbestand

Der Täter muss gemäß § 15 StGB vorsätzlich handeln.

2. Rechtswidrigkeit

3. Schuld

4. Minder schwerer Fall, § 213 Alt. 1 StGB

a) Der **getötete Mensch** muss einen anderen **misshandelt** oder **schwer beleidigt** haben.

b) Der andere Mensch muss der **Täter** selbst oder ein **Angehöriger** von ihm gewesen sein. Wer Angehöriger ist, ist in § 11 Abs. 1 Nr. 1 StGB geregelt.

c) Die Misshandlung oder Beleidigung muss den Täter **zum Zorn gereizt** haben.

d) Dadurch muss er **auf der Stelle zur Tat hingerissen** worden sein.

II. Mord, § 211 StGB

1. Tatbestand

a) Objektiver Tatbestand

aa) Der Täter muss **einen Menschen töten.** Insoweit gilt dasselbe wie beim Totschlag.

Beim Totschlag wird das Merkmal „ohne Mörder zu sein" nicht geprüft.

Entsprechend dem Wortlaut geht die h.M. davon aus, dass ein minder schwerer Fall immer anzunehmen sei, wenn die Voraussetzungen des § 213 Alt. 1 StGB vorliegen. Daher müsste es sich eigentlich um einen eigenen Straftatbestand handeln. Trotzdem wird die Norm von der h.M. als benannte Strafzumessungsregel angesehen. Zwar führen solche nur in der Regel zur Annahme eines besonders oder minder schweren Falles (z.B. § 243 Abs. 1 S. 2 StGB). Sie sind jedoch wie § 213 Alt. 1 StGB („sonst ein minder schwerer Fall", § 213 Alt. 2 StGB) im Zusammenhang mit einer unbenannten Strafzumessungsregel normiert (§ 243 Abs. 1 S. 1 StGB). § 213 Alt. 1 StGB ist daher innerhalb des § 212 Abs. 1 StGB nach der Schuld zu prüfen.

bb) Zusätzlich muss er mindestens eines der Mordmerkmale verwirklichen. Im objektiven Tatbestand ist eine **heimtückische**, **grausame** und eine Tötung **mit gemeingefährlichen Mitteln** zu prüfen.

(1) Eine **heimtückische** Tötung setzt nach der Rspr. voraus, dass der Täter die Arg- und Wehrlosigkeit des Opfers bewusst in feindlicher Willensrichtung ausnutzt. Das Opfer ist arglos, wenn es bei Beginn der Tötung nicht mit einem erheblichen Angriff auf seiner körperliche Unversehrtheit rechnet. Infolgedessen muss es wehrlos oder jedenfalls in seiner Verteidigungsfähigkeit stark eingeschränkt sein. Der Täter nutzt diese Situation bewusst aus, wenn er die Arglosigkeit und ihre Bedeutung für die Wehrlosigkeit erkennt. Er handelt ausnahmsweise nicht in feindlicher Willensrichtung, wenn er das Opfer aus Mitleid tötet.

In der Literatur werden im Hinblick auf die lebenslange Freiheitsstrafe als Rechtsfolge weitere Voraussetzungen gestellt. Die einen verlangen, dass der Täter die Arglosigkeit beim Opfer hervorruft, also Vertrauen für sich in Anspruch nimmt und dieses dann missbraucht. Dann handele es sich nicht nur um eine heimliche, sondern auch um eine tückische Tötung. Andere wollen die Heimtücke bei einer nachvollziehbaren Motivation des Täters ausscheiden lassen und verlangen daher eine besondere Verwerflichkeit der Tat.

(2) **Grausam** handelt, wer dem Opfer in gefühlloser, unbarmherziger Gesinnung Schmerzen oder Qualen körperlicher oder seelischer Art zufügt, die über das für die Tötung erforderliche Maß hinausgehen.

(3) **Gemeingefährlich** sind **Mittel**, deren Verwendung im konkreten Fall eine Gefahr für eine unbestimmte Anzahl von Menschen mit sich bringt.

b) Subjektiver Tatbestand

aa) Der Täter muss **vorsätzlich** handeln.

bb) Daneben sind im subjektiven Tatbestand Mordmerkmale zu prüfen, die Motive des Täters beschreiben. Es muss sich jeweils nicht um das einzige, aber um das „bewusstseinsdominante" Motiv handeln.

(1) **Aus Mordlust** tötet, wer durch die Freude an der Tötung selbst motiviert wird.

(2) **Zur Befriedigung des Geschlechtstriebs** tötet nicht nur, wer sich mit der Tötung selbst sexuell befriedigen will. Ausreichend ist, wenn der Täter sich vorstellt, seine Handlung könnte auf andere Weise zu seiner sexuellen Befriedigung führen, und sie deswegen vornimmt.

Beispiel: Auch derjenige tötet zur Befriedigung des Geschlechtstriebs, der das Opfer mit der bedingt vorsätzlichen Tötungshandlung ruhig stellen will, um es ungestört vergewaltigen zu können.

(3) **Aus Habgier** tötet, wer mit der Tötung sein Vermögen mehren will. Dies ist auch der Fall, wenn der Täter die Durchsetzung eines gegen ihn gerichteten Anspruchs abwenden will.

Anders als die Stellung der Ermöglichungs- und Verdeckungsabsicht im Gesetz nahelegt, handelt es sich bei diesen (wie auch bei der Tötung aus Mordlust, zur Befriedigung des Geschlechtstriebs und aus Habgier) um spezielle Fälle von niedrigen Beweggründen.

(4) Der Täter begeht die Tat, **um eine andere Straftat zu ermöglichen**, wenn er sich vorstellt, durch die Tötungshandlung werde die Begehung einer Straftat ermöglicht und es ihm hierauf ankommt. Ob das Verhalten, das der Täter ermöglichen will, tatsächlich strafbar ist, ist irrelevant.

(5) Er handelt, **um eine andere Straftat zu verdecken**, wenn er sich vorstellt, durch die Tötungshandlung werde die Begehung einer Straftat verdeckt und es ihm hierauf ankommt. Ob das Verhalten, das der Täter verdecken will, tatsächlich strafbar ist, ist irrelevant. Verdecken will der Täter die Straftat, wenn er verhindern will, dass die Strafverfolgungsbehörden oder andere Personen von ihr erfahren (nicht aber, wenn er sich nur einen Vorsprung auf seiner Flucht verschaffen will).

(6) Für die Annahme **sonstiger niedriger Beweggründe** ist eine Gesamtwürdigung verschiedener Tatumstände erforderlich. Das Motiv ist vor dem Hintergrund der Vorgeschichte und der Persönlichkeit des Täters zu bewerten. Es ist niedrig, wenn der Entschluss zur Tötungshandlung unter keinem Gesichtspunkt mehr nachvollziehbar erscheint.

> Sonstige niedrige Beweggründe lassen sich nicht mit Stichworten (z.B. Eifersucht) begründen. Dahinter können sich verschiedene Umstände verbergen, die niedrige Beweggründe nahelegen oder auch nicht.

2. Rechtswidrigkeit

3. Schuld

4. Strafmilderung, § 49 Abs. 1 Nr. 1 StGB

Bei heimtückischen Tötungen ist nach der Rspr. ausnahmsweise der gemäß § 49 Abs. 1 Nr. 1 StGB gemilderte Strafrahmen einschlägig, wenn aufgrund außergewöhnlicher Umstände die lebenslange Freiheitsstrafe als Rechtsfolge des § 211 StGB unverhältnismäßig erscheint.

> Diese „Rechtsfolgenlösung" ergibt sich nicht aus dem Gesetz. Sie soll im Einzelfall unverhältnismäßige Strafen verhindern und wird auf absolute Ausnahmefälle beschränkt.

III. Tötung auf Verlangen, § 216 Abs. 1 StGB

1. Tatbestand

a) Objektiver Tatbestand

aa) Der Täter muss eine **Tötung** begehen, also einen Menschen töten. Insoweit gilt dasselbe wie beim Totschlag.

> Die Frage, ob der Täter das Opfer tötet oder sich an dessen Suizid beteiligt, entspricht der allgemeinen Frage, ob der Täter das Opfer oder das Opfer sich selbst gefährdet. Sie wird im Rahmen der objektiven Zurechnung im 2. Teil erörtert.

bb) Hierzu muss er **durch das Verlangen des Getöteten bestimmt** worden sein. Das Verlangen bestimmte den Täter zur Tötung, wenn es seinen Tatentschluss hervorrief.

cc) Das Opfer muss die Tötung **ausdrücklich** verlangt haben. Ausdrücklich bedeutet nicht, dass der Getötete die Tötung wörtlich verlangt haben muss. Gemeint ist, dass er sich unmissverständlich geäußert hat. Dies kann er auch durch Gesten getan haben.

dd) Das Verlangen muss auch **ernstlich** gewesen sein. Hieran fehlt es, wenn der Getötete die Tötung aufgrund eines Irrtums oder einer psychischen Störung (Willensmängel) verlangt hat. Darüber hinaus ist ein Verlangen nur ernstlich, wenn es auf einer tiefen Reflexion (statt einem spontanen Entschluss) beruht.

b) Subjektiver Tatbestand

Der Täter muss vorsätzlich handeln (§ 15 StGB).

2. Rechtswidrigkeit

3. Schuld

IV. Aussetzung, § 221 Abs. 1 StGB

1. Tatbestand

a) Objektiver Tatbestand

aa) Der Täter muss **einen Menschen** entweder **in eine hilflose Lage versetzen (Nr. 1)** oder **trotz Beistandspflicht in einer hilflosen Lage im Stich lassen (Nr. 2)**.

In einer **hilflosen Lage** befindet sich das Opfer, wenn es eine Lebens- oder Gesundheitsgefahr nicht selbst abwenden könnte und auch keine Hilfe Dritter zu erwarten wäre.

Der Täter **versetzt** das Opfer in eine hilflose Lage, wenn er diese Lage in objektiv zurechenbarer Weise durch eine Handlung verursacht. Für die Verursachung und die objektive Zurechenbarkeit gelten die im 2. Teil erörterten allgemeinen Regeln.

Er **lässt es im Stich,** wenn er dem Opfer nicht hilft.

Beistandspflichtig ist der Täter, wenn er als Garant verpflichtet ist, dem Opfer bei Lebens- oder Gesundheitsgefahren zu helfen. In seiner Obhut hat der Täter das Opfer bei einer Beschützergarantenpflicht, sonst beistandspflichtig ist er bei einer Überwachergarantenpflicht. An die Garantenpflichten sind dieselben Anforderungen zu stellen wie bei § 13 StGB. Insoweit gelten die im 2. Teil erörterten Regeln.

bb) Der Täter muss das Opfer **dadurch der Gefahr des Todes oder einer schweren Gesundheitsschädigung aussetzen.** Mit schwerer Gesundheitsschädigung sind nicht nur die in § 226 Abs. 1 StGB genannten schweren Körperverletzungen gemeint, sondern auch sonstige ähnliche Folgen. Durch sein Verhalten setzt der Täter das Opfer einer solchen Gefahr aus, wenn er die Gefahr dadurch verursacht und sich das missbilligte Risiko des Verhaltens in der Gefahr realisiert. Für die Verursachung gelten die allgemeinen Regeln und für die Realisierung des missbilligten Risikos die bei der objektiven Zurechnung erörterten allgemeinen Regeln. Sie werden im 2. Teil dargestellt.

b) Subjektiver Tatbestand

Der Täter muss gemäß § 15 StGB **vorsätzlich** handeln.

2. Rechtswidrigkeit

3. Schuld

V. Aussetzung mit schwerer Folge, § 221 Abs. 2 Nr. 2 StGB

1. Tatbestand

a) Der Täter muss **eine Tat** nach § 221 Abs. 1 StGB begehen.

b) Dadurch muss er eine **schwere Gesundheitsschädigung des Opfers verursachen.** Hierfür ist erforderlich, dass der Täter mit der Tathandlung die schwere Folge verursacht. Für die Verursachung gelten die im 2. Teil dargestellten allgemeinen Regeln.

Außerdem muss sich das spezifische Risiko der Tat nach § 221 Abs. 1 StGB in der schweren Gesundheitsschädigung realisieren. Für die Realisierung des Risikos gelten die im 2. Teil bei der objektiven Zurechnung erörterten allgemeinen Regeln.

c) Dem Täter muss hinsichtlich der schweren Folge gemäß § 18 StGB **objektive Fahrlässigkeit** zur Last fallen.

2. Rechtswidrigkeit

3. Schuld

Dem Täter muss hinsichtlich der schweren Folge gemäß § 18 StGB **subjektive Fahrlässigkeit** zur Last fallen.

VI. Aussetzung mit Todesfolge, § 221 Abs. 3 StGB

1. Tatbestand

a) Der Täter muss **eine Tat** nach § 221 Abs. 1 StGB begehen.

b) Dadurch muss er den **Tod des Opfers verursachen.** Hierfür ist erforderlich, dass der Täter mit der Tathandlung den Tod verursacht. Insoweit gelten die im 2. Teil erörterten allgemeinen Regeln zur Verursachung.

Bei Gesetzen, die an die Verursachung einer schweren Folge eine schwerere Strafe knüpfen (erfolgsqualifizierte Delikte – vgl. auch §§ 221 Abs. 3, 226 Abs. 1, 227 Abs. 1 StGB), macht es keinen Sinn, nach objektivem und subjektivem Tatbestand zu unterscheiden. Beim Grunddelikt sind objektive und subjektive Voraussetzungen zu prüfen. Bei der anschließenden Prüfung der schweren Folge sind nach h.M. im Tatbestand nur objektive Voraussetzungen relevant.

Außerdem muss sich das spezifische Risiko der Tat nach § 221 Abs. 1 StGB im Tod realisieren. Für die Realisierung des Risikos gelten die im 2. Teil bei der objektiven Zurechnung erörterten allgemeinen Regeln.

c) Dem Täter muss hinsichtlich der schweren Folge gemäß § 18 StGB **objektive Fahrlässigkeit** zur Last fallen.

2. Rechtswidrigkeit

3. Schuld

Dem Täter muss hinsichtlich der schweren Folge gemäß § 18 StGB wenigstens **subjektive Fahrlässigkeit** zur Last fallen

VII. Fahrlässige Tötung, § 222 StGB

1. Tatbestand

a) Der **Tod eines Menschen** muss eintreten.

b) Der Täter muss den Tod durch eine Handlung **verursachen**. Insoweit gelten die im 2. Teil dargestellten allgemeinen Regeln zur Verursachung.

c) Dies muss er **durch objektive Fahrlässigkeit** tun.

2. Rechtswidrigkeit

3. Schuld

Der Täter muss den Tod **durch subjektive Fahrlässigkeit** verursachen.

B. Körperverletzungsdelikte

I. Körperverletzung, § 223 Abs. 1 StGB

1. Tatbestand

a) Objektiver Tatbestand

aa) Tatopfer muss **eine andere Person**, also ein Mensch sein. Insoweit gelten die beim Totschlag erörterten Regeln.

bb) Der Täter muss das Opfer **an der Gesundheit schädigen** oder **körperlich misshandeln**.

Er **schädigt** das Opfer **an der Gesundheit**, wenn er einen krankhaften Zustand in objektiv zurechenbarer Weise durch eine Handlung verursacht. Für die Verursachung und die objektive Zurechenbarkeit gelten die im 2. Teil dargestellten allgemeinen Regeln. Eine psychische Erkrankung reicht für eine Gesundheitsschädigung nicht aus. Wirkt sie sich jedoch körperlich aus, kann sie zu einer Gesundheitsschädigung führen.

Er **misshandelt** das Opfer **körperlich**, wenn er durch eine Handlung in objektiv zurechenbarer Weise eine mehr als unerhebliche Beeinträchtigung des körperlichen Wohlbefindens verursacht. Für die Verursachung und die objektive Zurechnung gelten die im 2. Teil erörterten allgemeinen Regeln. Das körperliche Wohlbefinden des Opfers kann auch beeinträchtigt sein, wenn es keine Schmerzen empfindet (z.B. wenn gegen dessen Willen die Haare abgeschnitten werden).

b) Subjektiver Tatbestand

Der Täter muss gemäß § 15 StGB **vorsätzlich** handeln.

2. Rechtswidrigkeit

3. Schuld

II. Gefährliche Körperverletzung, § 224 Abs. 1 StGB

1. Tatbestand

a) Objektiver Tatbestand

aa) Der Täter muss eine **Körperverletzung** i.S.d. § 223 Abs. 1 StGB begehen.

bb) Dabei muss er eines der qualifizierenden Merkmale (Nr. 1–5) verwirklichen.

Nr. 1: Der Täter begeht die Tat **durch Beibringung von Gift oder anderen gesundheitsschädlichen Stoffen**, wenn er mit dem Einführen in oder Auftragen auf den Körper den Körperverletzungserfolg herbeiführt. Das Opfer muss sich zwar nicht erheblich verletzen, aufgrund der Beibringung des Stoffes muss jedoch die Gefahr erheblicher Verletzungen bestehen.

Nr. 2: Eine **Waffe** ist eine Sache, die zur Verletzung von Menschen hergestellt wird. Der Täter begeht die Körperverletzung **mittels** eines Werkzeugs, wenn er mit dem Werkzeug auf den Körper des Opfers einwirkt und so unmittelbar den Körperverletzungserfolg herbeiführt. Es reicht daher nicht aus, wenn sich das Opfer verletzt, weil es gegen das Werkzeug geführt wird oder dem Werkzeug ausweicht. Das Opfer muss sich zwar nicht erheblich verletzen, aufgrund der Verwendung des Werkzeugs muss jedoch die Gefahr erheblicher Verletzungen bestehen. Nur dann handelt es sich um ein **gefährliches Werkzeug**.

Beispiel: Fährt der Täter mit seinem Auto auf das Opfer zu, begeht er eine Körperverletzung mittels eines gefährlichen Werkzeugs, wenn er das Opfer anfährt. Verletzt sich das Opfer, weil es beim Ausweichen unglücklich auf die harte Straße fällt, begeht er die Körperverletzung weder mittels des Autos noch der Straße als gefährlichem Werkzeug.

Nr. 3: Ein **Überfall** ist ein Angriff auf jemanden, der nicht mit einem Angriff rechnet. **Hinterlistig** ist er, wenn der Täter seine Absicht, das Opfer anzugreifen, verdeckt hat.

Nr. 4: Mit einem anderen Beteiligten gemeinschaftlich begeht der Täter die Tat, wenn er mit einem anderen Täter oder Teilnehmer (vgl. § 28 Abs. 2 StGB) so am Tatort zusammenwirkt, dass das Opfer sich nicht oder nur eingeschränkt gegen den Angriff wehren kann oder will.

Nr. 5: Für die Körperverletzung **mittels einer das Leben gefährdenden Behandlung** muss der Täter keine lebensgefährlichen Verletzungen herbeiführen. Es reicht aus, wenn seine Tathandlung zu solchen Verletzungen führen kann.

b) Subjektiver Tatbestand

Der Täter muss gemäß § 15 StGB **vorsätzlich** handeln.

2. Rechtswidrigkeit

3. Schuld

III. Schwere Körperverletzung, § 226 Abs. 1 StGB

1. Tatbestand

a) Der Täter muss eine **Körperverletzung** i.S.d. § 223 Abs. 1 StGB begehen.

b) Eine der in Nr. 1-3 genannten schweren Folgen muss eintreten.

Nr. 1: Das Sehvermögen auf einem Auge oder auf beiden Augen, das Gehör, das Sprechvermögen oder die Fortpflanzungsfähigkeit verliert das Opfer nur, wenn es dauernd nicht mehr sehen, hören, sprechen oder sich fortpflanzen kann. Dies ist auch zu bejahen, wenn eine verbliebene Fähigkeit praktisch wertlos ist.

Nr. 2: Um ein **Glied des Körpers** handelt es sich bei Körperteilen, die mit dem Rumpf oder mit anderen Körpergliedern durch ein Gelenk verbunden sind, also z.B. Finger, aber keine Organe. Das Opfer **verliert** das Körperglied, wenn es abgetrennt (und nicht wieder angefügt) wird. Es kann das Körperglied auch dann **dauernd nicht mehr gebrauchen,** wenn eine noch verbliebene Brauchbarkeit praktisch wertlos ist. **Wichtig** ist das Körperglied, wenn das Opfer darauf angewiesen ist, um für jedermann alltägliche Tätigkeiten auszuführen. Auf welche Körperglieder das Opfer hierfür angewiesen ist, hängt von dessen körperlichen Voraussetzungen ab.

Beispiel: So braucht jemand, dem schon Finger fehlen, die anderen umso dringender für alltägliche Arbeiten. Ob er sie für einen besonderen Beruf (z.B. als Pianist) benötigt, ist irrelevant.

Nr. 3: Ob das Opfer **dauernd erheblich entstellt** ist, richtet sich nicht nach dem (speziellen) Geschmack des Opfers, sondern nach der generellen Einschätzung. Es **verfällt in Siechtum,** wenn es dauerhaft körperlich und geistig erheblich geschwächt ist. **In Lähmung verfällt** das Opfer, wenn es einzelne Teile des Körpers nicht mehr bewegen kann und daher die Funktion des gesamten Körpers erheblich eingeschränkt ist. Die **geistige Krankheit** und die **geistige Behinderung** müssen erheblich sein.

c) Es muss sich bei der schweren Folge um eine **Folge der Körperverletzung** handeln. Der Täter muss mit seiner Tathandlung die schwere Folge verursachen. Insoweit gelten die im 2. Teil dargestellten allgemeinen Regeln zur Verursachung.

Dabei muss sich das spezifische Risiko der Körperverletzung realisieren. Insoweit gelten die im 2. Teil bei der objektiven Zurechnung erörterten allgemeinen Regeln zur Realisierung des Risikos.

d) Dem Täter muss hinsichtlich der schweren Folge gemäß § 18 StGB **objektive Fahrlässigkeit** zur Last fallen.

2. Rechtswidrigkeit

3. Schuld

Dem Täter muss hinsichtlich der schweren Folge gemäß § 18 StGB wenigstens **subjektive Fahrlässigkeit** zur Last fallen.

IV. Wissentliche oder absichtliche schwere Körperverletzung, § 226 Abs. 2 StGB

1. Tatbestand

a) Objektiver Tatbestand

aa) Der Täter muss eine **Körperverletzung** i.S.d. § 223 Abs. 1 StGB begehen.

bb) Die Körperverletzung muss zu einer der in § 226 Abs. 1 Nr. 1–3 StGB genannten **schweren Folgen** führen.

b) Subjektiver Tatbestand

Der Täter muss die schwere Folge **absichtlich oder wissentlich** durch die Körperverletzung herbeiführen. Abgesehen von der Vorsatzform gelten die im 2. Teil dargestellten allgemeinen Regeln zum Vorsatz.

2. Rechtswidrigkeit

3. Schuld

V. Körperverletzung mit Todesfolge, § 227 Abs. 1 StGB

1. Tatbestand

a) Der Täter muss eine **Körperverletzung (§§ 223–226 a StGB)** begehen.

b) Diese muss den **Tod der verletzten Person zur Folge** haben. Der Täter muss mit seiner Tathandlung also den Tod verursachen. Insoweit gelten die im 2. Teil dargestellten allgemeinen Regeln zur Verursachung.

Auch muss sich das spezifische Risiko der Körperverletzung im Tod realisieren. Nach einer Auffassung muss sich das spezifische Risiko des Körperverletzungserfolgs realisieren, nach h.M. kann es auch das spezifische Risiko der Körperverletzungshandlung sein. Für die Realisierung des Risikos gelten die im 2. Teil bei der objektiven Zurechnung erörterten allgemeinen Regeln.

Beispiel: Nach h.M. ist auch der Täter gemäß § 227 Abs. 1 StGB strafbar, der das Opfer mit der Pistole schlägt und dabei einen Schuss auslöst, an dessen Folgen das Opfer stirbt. Die a.A. würde davon ausgehen, dass sich das spezifische Risiko der Körperverletzung, also das des Körperverletzungserfolgs nicht im Tod realisiert hat.

c) Dem Täter muss hinsichtlich der Todesfolge gemäß § 18 StGB **objektive Fahrlässigkeit** zur Last fallen.

2. Rechtswidrigkeit

3. Schuld

Dem Täter muss hinsichtlich der Todesfolge gemäß § 18 StGB wenigstens **subjektive Fahrlässigkeit** zur Last fallen.

VI. Fahrlässige Körperverletzung, § 229 StGB

1. Tatbestand

a) Die **Körperverletzung einer anderen Person** muss eintreten. Damit ist der Erfolg einer körperlichen Misshandlung oder Gesundheitsschädigung gemeint. Insoweit gelten die bei der Körperverletzung (§ 223 Abs. 1 StGB) erörterten Regeln.

b) Der Täter muss die Körperverletzung durch eine Handlung **verursachen**. Insoweit gelten die im 2. Teil erörterten allgemeinen Regeln zur Verursachung.

c) Dies muss er **durch objektive Fahrlässigkeit** tun.

2. Rechtswidrigkeit

3. Schuld

Der Täter muss die Körperverletzung **durch subjektive Fahrlässigkeit** verursachen.

VII. Beteiligung an einer Schlägerei, § 231 Abs. 1 StGB

§ 231 Abs. 2 StGB soll lediglich klarstellen, dass derjenige, der sich gerechtfertigt oder ohne Schuld beteiligt, nicht bestraft wird. Abs. 2 ist daher nicht eigens zu prüfen.

1. Tatbestand

a) Objektiver Tatbestand

aa) Es muss eine **Schlägerei** oder ein **von mehreren verübter Angriff** stattfinden. Eine Schlägerei ist eine körperliche Auseinandersetzung zwischen mindestens 3 Personen. Für den Angriff auf die körperliche Unversehrtheit eines anderen reicht es aus, wenn mindestens 2 Personen mitwirken.

bb) Der Täter muss sich daran **beteiligen**. Er beteiligt sich, wenn er am Tatort physisch (z.B. Schlagen) oder psychisch (z.B. Anfeuern) mitwirkt.

b) Subjektiver Tatbestand

Gemäß § 15 StGB muss der Täter **vorsätzlich** handeln.

2. Objektive Strafbarkeitsbedingung

Durch die Schlägerei oder den Angriff muss **der Tod einer Person oder eine schwere Körperverletzung verursacht** werden.

Unerheblich ist nach h.M., ob die schwere Folge vor oder nach der Beteiligung des Täters eintritt. Eine andere Ansicht will jedenfalls dann eine Strafbarkeit nach § 231 Abs. 1 StGB ausschließen, wenn der Täter sich erst beteiligt, nachdem die schwere Folge schon eingetreten ist. Dann könne er diese nämlich nicht verursacht haben. Nach h.M. spielt dieser Gesichtspunkt keine Rolle, weil dem Täter alleine die Beteiligung an der Schlägerei, nicht aber die Verursachung der schweren Folge vorgeworfen werde.

3. Rechtswidrigkeit

4. Schuld

Das Besondere an einer objektiven Strafbarkeitsbedingung ist, dass der Täter diesbezüglich weder vorsätzlich noch fahrlässig handeln muss. Hintergrund soll sein, dass ihm die Herbeiführung der schweren Folge nicht vorgeworfen wird. Das Verhalten des Täters sei schon deshalb strafwürdig, weil eine Schlägerei und ein von mehreren verübter Angriff besonders gefährlich sind. Nur wenn die besondere Gefährlichkeit aber an der schweren Folge erkennbar werde, bestehe ein Bedürfnis für eine Bestrafung.

2. Teil: Allgemeiner Teil

A. Ergänzende oder konkretisierende Regelungen zu Straftatbeständen des Besonderen Teils

I. Verursachung eines Erfolgs

Einige Tatbestände des Besonderen Teils setzen ausdrücklich voraus, dass der Täter einen Erfolg verursacht (z.B. § 222 StGB). Bei anderen Straftatbeständen ergibt sich dieses Erfordernis aus der Auslegung eines Tatbestandsmerkmals (z.B. Töten i.S.d. § 212 Abs. 1 StGB).

Nach h.M. verursacht der Täter einen Erfolg, wenn seine Handlung nicht hinweg gedacht werden kann, ohne dass der Erfolg entfiele. In den meisten Fällen reicht es aus, mit dieser conditio-sine-qua-non-Formel die Verursachung zu prüfen.

Beispiel: Der Täter sticht auf das Opfer ein, um es zu töten. In der Annahme, das Opfer getötet zu haben, vergräbt er es. Das Opfer erstickt. Der Täter hat in diesem Fall den Tod nicht nur durch das Vergraben verursacht, sondern auch schon durch die Stiche. Hätte er nicht auf das Opfer eingestochen, hätte er es nicht vergraben und das Opfer wäre nicht erstickt.

Nur in zwei Fallgruppen führt die conditio-sine-qua-non-Formel zu Ergebnissen, die als nicht sachgerecht empfunden werden.

1. Reserveursachen

Es kann sein, dass sich bei Anwendung der conditio-sine-qua-non-Formel ergibt, dass der Erfolg aufgrund einer sog. Reserveursache ebenfalls eingetreten wäre. In solchen Fällen argumentiert die h.M., dass es für die Verursachung auf den Erfolg in seiner konkreten Gestalt ankomme.

Beispiel: Der Täter erschießt das Opfer. Hätte er es nicht erschossen, wäre es ohnehin an einer Lebensmittelvergiftung gestorben. In diesem Beispiel müsste man davon ausgehen, dass der Tod durch eine Schussverletzung eine andere Gestalt des Erfolgs ist als der Gifttod. Hätte der Täter das Opfer nicht erschossen, wäre es nicht an einer Schussverletzung gestorben. Dass es einen Gifttod erlitten hätte, ist unerheblich.

Selbst wenn man auf den Erfolg in seiner konkreten Gestalt abstellt, gibt es noch Fälle, in denen die Verursachung aufgrund einer Reserveursache abgelehnt werden müsste. Um auch in solchen Konstellationen die Verursachung zu bejahen, geht die h.M. allgemein davon aus, dass Reserveursachen, die sich nicht ausgewirkt haben, nicht zu berücksichtigen sind.

Beispiel: Der Täter ist Soldat und erschießt aufgrund eines Befehls einen Zivilisten. Hätte er sich geweigert, den Zivilisten zu erschießen, hätte ein anderer Soldat aus seiner Einheit den Befehl ausgeführt. Die Reserveursache in Form des Schusses durch einen anderen Soldaten dürfte nach h.M. nicht berücksichtigt werden.

2. Alternative Kausalität

Auch in Fällen der sog. alternativen Kausalität führt die conditio-sine-qua-non-Formel zu Ergebnissen, welche die h.M. als nicht sachgerecht empfindet.

Beispiel: Zwei Täter schütten unabhängig voneinander Gift in das Getränk des Opfers. Es stirbt an der Vergiftung. Auch wenn nur einer der Täter das Opfer vergiftet hätte, wäre es auf die gleiche Weise gestorben. Hätte einer der Täter das Opfer nicht vergiftet, wäre es also trotzdem auf die gleiche Weise gestorben.

In solchen Fällen lässt sich nicht argumentieren, dass beide Täter den Erfolg in seiner konkreten Gestalt verursacht haben, weil dieser in gleicher Weise eingetreten wäre, wenn einer der Täter die Handlung unterlassen hätte. Auch lässt sich nicht sagen, dass einer der Täter nur eine Reserveursache gesetzt hat. Die h.M. geht daher von folgender Zusatzregel aus: Von mehreren Ursachen, die zwar alternativ, aber nicht kumulativ hinweg gedacht werden können, ohne dass der Erfolg entfiele, ist jede kausal.

II. Objektive Zurechenbarkeit

Die Rspr. hat die Lehre von der objektiven Zurechenbarkeit bisher nicht übernommen. Entscheidet sie Fälle, in denen die h.L. die objektive Zurechnung diskutieren würde, erörtert sie die problematischen Aspekte in anderen Zusammenhängen (insbesondere beim Vorsatz). Für das Ergebnis ist es irrelevant, in welchem Zusammenhang ein Problem erörtert wird. Daher ist in einer Klausur nicht zu diskutieren, ob der Lehre von der objektiven Zurechenbarkeit zu folgen ist. Sie kann ohne Argumentation angewandt oder weggelassen werden.

Nach der conditio-sine-qua-non-Formel verursacht auch derjenige einen Erfolg, der für diesen offensichtlich nicht verantwortlich ist.

Beispiel: Auch die Eltern des Mörders haben den Tod des Opfers verursacht. Hätten sie den Mörder nicht gezeugt, hätte er das Opfer nicht getötet. Trotzdem würde im Beispiel niemand davon ausgehen, dass auch die Eltern das Opfer getötet haben.

Daher kann man nur bei bestimmten Arten der Verursachung davon sprechen, dass der Täter das Opfer „tötet", „an der Gesundheit schädigt" usw. Die h.L. bejaht solche Tatbestandsmerkmale nur, wenn der Täter den Erfolg in objektiv zurechenbarer Weise verursacht. Dies ist der Fall, wenn er ein rechtlich missbilligtes Risiko schafft, das sich im Erfolg realisiert.

1. Schaffung eines rechtlich missbilligten Risikos

Hat der Täter einen Erfolg verursacht, lässt sich nicht bestreiten, dass er überhaupt ein Risiko dafür geschaffen hat.

Beispiel: Selbst mit jeder Zeugung eines Kindes ist das (wenn auch minimale) Risiko verbunden, einen Mörder zu zeugen und so den Tod eines Menschen zu verursachen.

Bei der Frage, ob der Täter ein rechtlich missbilligtes Risiko schafft, spielen Rechtfertigungsgründe noch keine Rolle. Diese werden erst bei der Rechtswidrigkeit erörtert.

Entscheidende Bedeutung kommt daher der Frage zu, ob die Schaffung des Risikos rechtlich missbilligt ist.

a) Sondernormen

In manchen Fällen verbietet eine besondere Regelung (Sondernorm) das Verhalten des Täters. Dient die Sondernorm dazu, einen tatbestandlichen Erfolg zu verhindern, ist die Handlung aufgrund der Sondernorm rechtlich missbilligt.

Beispiel: Aus der StVO ergeben sich zahlreiche Sondernormen für das Verhalten im Straßenverkehr, die Leib und Leben anderer Verkehrsteilnehmer schützen sollen. Verstößt der Täter gegen sie, wird seine Handlung rechtlich missbilligt.

Auch kann sich aus Sondernormen ergeben, dass ein riskantes Verhalten erlaubt ist.

Beispiel: Aus den Regelungen der StVO ergibt sich im Umkehrschluss, dass die Teilnahme am Straßenverkehr bei Einhaltung der Regeln erlaubt ist, obwohl sie nicht unerhebliche Risiken mit sich bringt.

b) Sonstige Fälle

Wird die Handlung nicht durch eine Sondernorm verboten, kann sie trotzdem rechtlich missbilligt sein. Entscheidend ist, wie riskant sie ist, d.h. wie wahrscheinlich es ist, dass die Handlung das tatbestandliche Rechtsgut schädigt, und wie erheblich dieser Schaden sein könnte. Selbst riskante Verhaltensweisen können erlaubt sein, wenn sie üblich (sozialadäquat) sind.

Beispiel: Wer Erkältungssymptome bei sich feststellt, darf öffentliche Verkehrsmittel nutzen, auch wenn das Risiko besteht, andere Menschen anzustecken und so einen Körperverletzungserfolg zu verursachen. Zum einen ist das Risiko nicht erheblich und zum anderen ist es üblich, öffentliche Verkehrsmittel auch mit Erkältung zu nutzen.

Die Frage, wie riskant ein Verhalten ist, wird aus der Perspektive eines Beobachters zum Zeitpunkt der Handlung beurteilt (ex-ante). Entscheidend ist, wie ein gewissenhafter Mensch, der dieselben Kenntnisse und Fähigkeiten besitzt wie ein typischer Mensch aus dem „Verkehrskreis" des Täters, das Risiko einschätzen würde.

Beispiel: Würde ein gewissenhafter Arzt erkennen, dass die Krankheitssymptome nicht nur auf eine Erkältung, sondern auf eine lebensgefährliche, hoch ansteckende Krankheit hindeuten, dürfte ein Arzt öffentliche Verkehrsmittel nicht nutzen. Andere Personen, die solche Krankheitssymptome typischerweise nicht als besonders gefährlich erkennen würden, dürften hingegen weiterhin Bus und Bahn fahren.

Hat der Täter jedoch besondere Kenntnisse oder Fähigkeiten, sind diese zu berücksichtigen.

Beispiel: Erkennt der Täter aufgrund eines Zeitungsberichts über die lebensgefährliche, hoch ansteckende Krankheit, dass er möglicherweise an ihr leidet, darf er öffentliche Verkehrsmittel nicht benutzen.

c) Eigenverantwortliche Selbstgefährdung

Ist das Verhalten des Täters nur deshalb riskant, weil es dem Opfer ermöglicht oder erleichtert, sich selbst zu gefährden, ist es grundsätzlich nicht rechtlich missbilligt.

Beispiel: Stellt der Täter dem Opfer die Ausrüstung für Basejumping zur Verfügung, begründet er das Risiko, dass das Opfer dabei stirbt. Trotzdem wird sein Verhalten nicht rechtlich missbilligt, weil das Opfer selbst entscheiden kann, ob es springt.

Die Handlung des Täters ist jedoch rechtlich missbilligt, wenn das Opfer über die Selbstgefährdung nicht eigenverantwortlich entscheiden kann. Dies ist der Fall, wenn das Opfer das Risiko nicht überblicken kann.

Beispiel: Denkt das Opfer, Basejumping sei so ungefährlich wie Fallschirmspringen aus einem Flugzeug, oder ist es betrunken, gefährdet es sich nicht eigenverantwortlich.

Selbst wenn das Opfer eigenverantwortlich handelt, ist die rechtliche Missbilligung nicht ausgeschlossen, wenn das Opfer sich nicht selbst gefährdet, sondern dem Täter ermöglicht, es zu gefährden.

Beispiel: Klettert das Opfer zum „Surfen" auf das Dach eines Autos, gefährdet der Fahrer das Opfer und nicht das Opfer sich selbst.

2. Realisierung des Risikos

Nicht immer, wenn der Täter mit einer rechtlich missbilligten Handlung den Erfolg verursacht, wird er für den Erfolgseintritt verantwortlich gemacht. Die h.L. verlangt zusätzlich, dass sich das rechtlich missbilligte Risiko im Erfolg realisiert. Dies sei nur der Fall, wenn der Pflichtwidrigkeits- und Schutzzweckzusammenhang vorliege.

Einige argumentieren in solchen Fällen mit Begriffen aus dem Bereich Täterschaft und Teilnahme. Wer eine Selbstgefährdung des Opfers veranlasst oder fördert, nehme an einer Tat des Opfers gegen sich selbst teil. Da die Tat des Opfers jedoch nicht strafbar sei, könne, wie sich aus §§ 26, 27 StGB ergibt, auch die Teilnahme nicht strafbar sein. Entscheidet das Opfer nicht freiverantwortlich, liegt danach eine Konstellation der mittelbaren Täterschaft vor. Ob es sich um eine Teilnahme an einer Selbstgefährdung oder um eine täterschaftliche Fremdgefährdung handele, richte sich nach der Tatherrschaft über den letzten Akt. Diese Ansätze führen letztendlich zu denselben Ergebnissen.

Auch die Rspr. geht davon aus, dass der Täter für einen Erfolg nicht verantwortlich sei, wenn er ihn auch mit einer rechtmäßigen Handlung herbeigeführt hätte. Bisher spielte der Pflichtwidrigkeitszusammenhang jedoch nur in Fällen eine Rolle, in denen statt eines Vorsatzdelikts ein Fahrlässigkeitsdelikt in Betracht kam. In der Literatur gehen viele davon aus, dass es sich um eine allgemeine Voraussetzung der objektiven Zurechnung handele.

a) Pflichtwidrigkeitszusammenhang

Hätte der Täter den Erfolg auch verursacht, wenn er sich rechtmäßig verhalten hätte, fehlt es am Pflichtwidrigkeitszusammenhang.

Beispiel: Der Täter hat dem Opfer sein Auto mit defekten Bremsen geliehen. Tatsächlich fährt das Opfer mit dem Auto vor einen Baum und stirbt. Dies liegt jedoch nicht daran, dass die Bremsen nicht funktionierten. Das Opfer war abgelenkt und hat nicht mal versucht zu bremsen.

Der Täter hat in diesem Beispiel den Tod verursacht, weil das Opfer nicht gestorben wäre, wenn er das Auto nicht verliehen hätte. Auch war seine Handlung riskant und daher rechtlich missbilligt. Zwar ermöglichte er dem Opfer lediglich, sich selbst zu gefährden. Wenn es von den defekten Bremsen nichts wusste, hat es hierüber jedoch nicht eigenverantwortlich entschieden.

Hätte der Täter dem Opfer das Auto in ordnungsgemäßem Zustand geliehen, wäre es aber genauso vor einen Baum gefahren und gestorben. Dann hätte er sich rechtmäßig verhalten. Zwar wäre sein Verhalten auch dann riskant gewesen. Über die eigene Gefährdung hätte das Opfer jedoch eigenverantwortlich entscheiden können. Die Gefährdung anderer durch die Teilnahme am Straßenverkehr ist nicht rechtlich missbilligt, wie sich aus der StVO ergibt. Daher kann es in dieser Hinsicht auch nicht rechtlich missbilligt sein, anderen sein Auto zu leihen. Im Beispiel fehlt es daher am Pflichtwidrigkeitszusammenhang.

Häufig lässt sich im Nachhinein nicht feststellen, ob der Täter den Erfolg auch verursacht hätte, wenn er sich rechtmäßig verhalten hätte.

Beispiel: Ob das Opfer vergeblich versucht hat zu bremsen, bevor es vor den Baum gefahren ist, kann im Nachhinein nicht aufgeklärt werden.

Die h.M. geht in solchen Fällen im Zweifel für den Angeklagten (in dubio pro reo) davon aus, dass der Täter den Erfolg auch verursacht hätte, wenn er sich rechtmäßig verhalten hätte. Um Beweisprobleme zu vermeiden, verneint eine a.A. den Pflichtwidrigkeitszusammenhang nur dann, wenn feststeht, dass der Täter den Erfolg nicht verursacht hätte, wenn er sich rechtmäßig verhalten hätte. Es reiche aus, wenn er das Risiko der Erfolgsverursachung erhöht hat (Risikoerhöhungslehre).

b) Schutzzweckzusammenhang

Die Norm, nach der die Handlung des Täters rechtlich missbilligt ist, muss dazu dienen, solche Erfolgsverursachungen wie im konkreten Fall zu verhindern.

aa) Bei Verletzung von Sondernormen

Hat der Täter eine Sondernorm verletzt, kommt es also darauf an, welchen Zweck die Sondernorm verfolgt.

Beispiel: Der Täter fährt innerhalb einer geschlossenen Ortschaft mehr als 50 km/h und verstößt daher gegen § 3 Abs. 3 Nr. 1 StVO. Er überfährt einen Fußgänger, der gerade die Straße überquert. Konnte der Täter nicht mehr rechtzeitig bremsen, weil er zu schnell gefahren ist, ist der Schutzzweckzusammenhang gegeben, weil § 3 Abs. 3 Nr. 1 StVO gerade solche Unfälle verhindern soll.

Hätte er auch nicht bremsen können, wenn er 50 km/h gefahren wäre, fehlt es schon am Pflichtwidrigkeitszusammenhang, weil der Täter den Erfolg dann auch verursacht hätte, wenn er sich rechtmäßig verhalten hätte. Jedoch kann es auch sein, dass er bei dieser Geschwindigkeit überhaupt nicht hätte bremsen müssen, weil er erst später an der Stelle angekommen wäre, wo der Fußgänger die Straße überquert hat. Dann fehlt es nicht am Pflichtwidrigkeitszusammenhang, sondern am Schutzzweckzusammenhang. § 3 Abs. 3 Nr. 1 StVO soll dafür sorgen, dass Autofahrer rechtzeitig bremsen können, wenn Fußgänger die Straße überqueren. Er bezweckt nicht, dass Autofahrer erst zu einem späteren Zeitpunkt an einer bestimmten Stelle ankommen.

bb) In sonstigen Fällen

Auch in sonstigen Fällen muss die Handlung im Hinblick auf den konkreten Kausalverlauf rechtlich missbilligt sein.

Beispiel: Sticht der Täter mit einem Messer auf das Opfer ein, ist sein Verhalten deshalb rechtlich missbilligt, weil das Opfer an Stichverletzungen sterben kann. Erstickt das Opfer aber, weil der Täter es nach den Stichen für tot hält und lebendig begräbt, ist der Schutzzweckzusammenhang zwischen den Stichen und dem Tod problematisch. Es kommt darauf an, ob die Stiche auch deshalb rechtlich zu missbilligen sind, weil sie dem Täter ermöglichen, das Opfer lebendig zu begraben. Dagegen spricht, dass der Täter sich nach den Messerstichen immer noch entscheiden kann, ob er das Opfer begräbt. Dafür spricht, dass er sich nach Messerstichen gezwungen sehen kann, die vermeintliche Leiche zu beseitigen, um nicht strafrechtlich verfolgt zu werden. Das Risiko, dass das Opfer erst an einem späteren Beseitigungsversuch stirbt, ist daher erheblich.

III. Vorsatz

Dass der Täter (außer bei Fahrlässigkeitsdelikten) vorsätzlich handeln muss, ergibt sich aus § 15 StGB. Im Gesetz ist jedoch nur geregelt, wann der Täter nicht vorsätzlich handelt (§ 16 Abs. 1 S. 1 StGB). Danach unterliegt er einem Tatbestandsirrtum, wenn er bei Begehung der Tat einen Umstand nicht kennt, der zum gesetzlichen Tatbestand gehört. Um vorsätzlich zu handeln, muss der Täter (im Umkehrschluss) bei Begehung der Tat die Umstände kennen, die zum gesetzlichen Tatbestand gehören. Gemäß § 8 StGB ist eine Tat zu der Zeit begangen, zu welcher der Täter gehandelt hat. Es kommt also auf den Zeitpunkt der im Obersatz beschriebenen Handlung an.

1. Umstände des gesetzlichen Tatbestands

Zu diesem Zeitpunkt muss der Täter die Umstände kennen, die zum gesetzlichen Tatbestand gehören. Er muss sich nicht vorstellen, seine Handlung erfülle einen gesetzlichen Tatbestand. Er muss lediglich die Tatsachen kennen, aus denen sich ergibt, dass er einen Tatbestand erfüllt.

Problematisch sind Fälle, in denen der Täter sich Umstände vorstellt, die den objektiv verwirklichten Tatbestand erfüllen würden, jedoch auf eine andere Art und Weise oder an einem anderen Tatobjekt.

a) Irrtümer über den Kausalverlauf

Irrt sich der Täter über den Kausalverlauf, handelt er trotzdem vorsätzlich, wenn die Abweichung vorhersehbar ist und keine andere Bewertung der Tat rechtfertigt.

Hat man die objektive Zurechnung bejaht, schließt eine Abweichung vom vorgestellten Kausalverlauf den Vorsatz in aller Regel nicht aus.

Beispiel: Erstickt der Täter das Opfer nach vermeintlich tödlichen Messerstichen, indem er es begräbt, tötet er es durch das Begraben nicht vorsätzlich. Zum Zeitpunkt dieser Handlung weiß er nicht, dass es sich noch um einen Menschen handelt und unterliegt daher einem Tatbestandsirrtum (§ 16 Abs. 1 S. 1 StGB).

Geht man allerdings davon aus, dass der Täter das Opfer auch durch die Messerstiche getötet hat, ist problematisch, ob er dies vorsätzlich getan hat. Zum Zeitpunkt der Stiche stellte er sich vor, einen Menschen zu töten. Er dachte jedoch, das Opfer würde an den Stichverletzungen sterben und nicht später erst ersticken. Der vorgestellte Kausalverlauf wich also vom tatsächlichen ab. Hat man bei der objektiven Zurechnung argumentiert, dass die Stiche auch deshalb rechtlich missbilligt waren, weil sie dem Täter ermöglichten, das Opfer beim Begräbnis zu ersticken, muss man davon ausgehen, dass die Abweichung irrelevant ist. Sie ist dann vorhersehbar und rechtfertigt keine andere Bewertung der Tat. Letztendlich muss der Täter also die Umstände kennen, aufgrund derer seine Handlung rechtlich missbilligt ist und sich die rechtliche Missbilligung im Erfolg realisiert.

Es kann sein, dass der Täter, nach seiner Vorstellung von der Tat, den Tatbestand erst durch eine spätere Handlung erfüllen würde. Dann handelt er nach h.M. nur vorsätzlich, wenn er nach seiner Vorstellung schon unmittelbar angesetzt hat i.S.d. § 22 StGB. Ansonsten wäre die Tat ohne vorherige Versuchsphase mit dem Eintritt des Erfolgs vollendet.

Beispiel: Der Täter will das Opfer an einer einsamen Stelle im Wald töten. Um es dorthin zu fahren, sperrt er es in den Kofferraum seines Autos. Auf der Fahrt zum Wald erstickt das Opfer.

In diesem Fall muss der Täter zum Zeitpunkt, als er das Opfer in den Kofferraum legte, vorsätzlich gehandelt haben. Er stellte sich vor, mit dieser Handlung den Tod zu verursachen. Auch kannte er die Umstände, aufgrund derer seine Handlung rechtlich missbilligt war und sich diese Missbilligung im Erfolg realisierte. Es liegt daher nahe, eine unwesentliche Abweichung vom vorgestellten Kausalverlauf anzunehmen. Die h.M. verlangt jedoch zusätzlich, dass der Täter mit der Handlung unmittelbar ansetzt.

b) Irrtümer über das Tatobjekt

Irrt der Täter sich bloß über die Identität des Tatobjekts (error in persona), handelt er nach allgemeiner Ansicht trotzdem vorsätzlich.

Beispiel: Der Täter erschießt im Dunkeln den vor ihm stehenden A, weil er denkt, dass es sich um seinen Erzfeind B handelt.

Visiert der Täter ein Opfer an, trifft dann aber ein anderes (aberratio ictus), ist problematisch, unter welchen Umständen er einem Tatbestandsirrtum unterliegt.

Beispiel: Der Täter zielt mit der Pistole auf A, trifft dann aber den hinter A stehenden B.

Nach einer Ansicht handelt der Täter vorsätzlich, wenn die Abweichung vom vorgestellten Kausalverlauf vorhersehbar ist und keine andere Bewertung der Tat rechtfertigt. Die h.M. hingegen geht in solchen Fällen davon aus, dass der Täter nicht vorsätzlich handele. Sein Vorsatz konkretisiere sich auf das anvisierte Opfer. Infrage komme daher nur ein Versuch hinsichtlich des anvisierten Tatobjekts und ein Fahrlässigkeitsdelikt hinsichtlich des tatsächlich getroffenen.

Hat der Täter das Opfer nicht anvisiert, ist innerhalb der h.M. umstritten, ob bzw. wann ein Tatbestandsirrtum anzunehmen ist.

Beispiel: Der Täter schickt dem Opfer eine Paketbombe. Dessen Sekretärin öffnet das Paket und stirbt.

Nach einer Ansicht ist eine aberratio ictus nur anzunehmen, wenn der Täter das anvisierte Opfer verfehlt. Wenn der Täter sein Opfer nicht sieht, könne sie daher nicht vorliegen. Andere gehen hingegen auch in solchen Fällen davon aus, dass der Vorsatz ausgeschlossen sein könne.

2. Kenntnis eines Umstands

§ 16 Abs. 1 S. 1 StGB setzt voraus, dass der Täter den Umstand des gesetzlichen Tatbestands kennt. Er handelt daher vorsätzlich, wenn er diesbezüglich über sicheres Wissen verfügt (Wissentlichkeit oder dolus directus 2. Grades). Auch wenn der Täter die Umstände nur für möglich hält, es ihm aber darauf ankommt, den Erfolg eines Tatbestandes herbeizuführen, ist der Vorsatz zu bejahen (Absicht oder dolus directus 1. Grades).

Problematisch sind sonstige Fälle, in denen der Täter die Tatumstände für möglich hält. Früher wurde die Auffassung vertreten, dass bedingter Vorsatz (dolus eventualis) nur anzunehmen sei, wenn der Täter die Tatumstände billige, also gutheiße, oder ihnen jedenfalls gleichgültig gegenüberstehe. Der Täter hat danach nicht vorsätzlich gehandelt, wenn er hoffte, der Erfolg würde ausbleiben. Nach wie vor formuliert die Rspr., der Täter müsse die Tatumstände „billigend in Kauf nehmen". Entgegen dem allgemeinen Sprachgebrauch nimmt sie ein „Billigen im Rechtssinne" jedoch auch an, wenn der Täter hofft, der Erfolg würde ausbleiben. Die Literatur stimmt dem im Ergebnis zu, verzichtet aber meist auf den Begriff „Billigen". Viele Autoren setzen voraus, dass der Täter die Tatumstände ernsthaft für möglich halten (und sich mit ihnen abfinden) müsse. Hält der Täter die Tatumstände für möglich, handelt er daher nur dann nicht vorsätzlich, wenn er darauf vertraut, dass sie nicht vorliegen.

IV. Fahrlässigkeit

Was bei der Fahrlässigkeit zu prüfen ist, richtet sich danach, in welchem Kontext das Gesetz sie verlangt. In allen Fällen ist nach h.M. die objektive Fahrlässigkeit ein Tatbestandsmerkmal, die subjektive Fahrlässigkeit hingegen erst eine Voraussetzung für schuldhaftes Handeln.

1. Bei den §§ 222, 229 StGB

a) Objektive Fahrlässigkeit

Die §§ 222, 229 StGB setzen voraus, dass der Täter den Erfolg durch Fahrlässigkeit verursacht. Er muss also zum einen fahrlässig handeln. Zum anderen muss der Erfolg gerade auf seinem fahrlässigen Handeln beruhen.

aa) Fahrlässiges Handeln

Nach gängiger Formulierung handelt der Täter fahrlässig, wenn er bei objektiver Vorhersehbarkeit des Erfolgs eine Sorgfaltspflicht verletzt. Der Sache nach handelt es sich hierbei um nichts anderes als die Schaffung eines rechtlich missbilligten Risikos, wie es im Rahmen der objektiven Zurechnung geprüft wird. Vorhersehbar ist der Erfolg, wenn der Täter mit seiner Handlung ein Risiko des Erfolgseintritts schafft. Er verletzt eine Sorgfaltspflicht, wenn seine Handlung rechtlich missbilligt ist.

bb) Verursachung durch Fahrlässigkeit

Die Frage, ob der Täter den Erfolg durch Fahrlässigkeit verursacht, entspricht der Frage, ob sich das rechtlich missbilligte Risiko im Erfolg realisiert. Auch insoweit sind also der Pflichtwidrigkeits- und der Schutzzweckzusammenhang zu prüfen.

b) Subjektive Fahrlässigkeit

Die subjektive Fahrlässigkeit ist zu bejahen, wenn die Handlung des Täters auf der Grundlage seiner Kenntnisse und Fähigkeiten als sorgfaltswidrig zu beurteilen ist und sich diese Sorgfaltswidrigkeit im Erfolg realisiert. Da bei der objektiven Fahrlässigkeit die Kenntnisse und Fähigkeiten eines typischen Menschen aus dem Verkehrskreis des Täters zugrunde gelegt werden, kann es an der subjektiven Fahrlässigkeit nur fehlen, wenn der Täter weniger weiß oder kann als ein typischer Mensch aus seinem Verkehrskreis.

Beispiel: Der Arzt, der mit einer lebensgefährlichen und hoch ansteckenden Krankheit öffentliche Verkehrsmittel nutzt, handelt objektiv fahrlässig, wenn ein gewissenhafter Arzt mit typischen Kenntnissen und Fähigkeiten die Krankheit als solche erkennen würde. Hat sich der Täter jedoch – anders als andere Ärzte – jahrelang nicht mit derartigen Krankheiten befasst und konnte daher nicht erkennen, an was für einer Krankheit er leidet, handelt er nicht subjektiv fahrlässig, wenn er Bus und Bahn fährt.

2. Bei erfolgsqualifizierten Delikten

Bei erfolgsqualifizierten Delikten muss dem Täter nach § 18 StGB Fahrlässigkeit hinsichtlich (der Verursachung) der schweren Folge zur Last fallen.

Die schwere Folge verursacht der Täter durch das Grunddelikt. Schon weil er das Grunddelikt verwirklicht, steht fest, dass er sich objektiv und subjektiv (sorgfalts-)pflichtwidrig verhält. Die Prüfung, ob der Täter eine Sorgfaltspflicht verletzt, erübrigt sich also.

Das spezifische Risiko des Grunddelikts muss sich außerdem in der schweren Folge realisieren. Aus diesem Grund erübrigt sich auch die Frage, ob sich überhaupt eine Sorgfaltswidrigkeit im Erfolg realisiert.

Würde man bei den §§ 222, 229 StGB die objektive Zurechnung wie bei den vorsätzlichen Tötungs- und Körperverletzungsdelikten prüfen (z.B. als spezielle Art der „Verursachung"), würde sich eine Prüfung der objektiven Fahrlässigkeit erübrigen. Es käme dann nur noch auf die Frage an, ob der Täter subjektiv fahrlässig handelt, also die objektiven Tatumstände erkennen kann.

Hat man bei erfolgsqualifizierten Delikten festgestellt, dass sich das spezifische Risiko des Grunddelikts in der schweren Folge realisiert hat, ist die Prüfung der Fahrlässigkeit daher eigentlich überflüssig. In einer Klausur empfiehlt es sich trotzdem, die objektive und subjektive Fahrlässigkeit nach der Verursachung der schweren Folge durch das Grunddelikt kurz festzustellen.

V. Rechtswidrigkeit

Verwirklicht der Täter einen Straftatbestand, ist seine Handlung grundsätzlich rechtswidrig. Etwas anderes gilt nur, wenn ein Rechtfertigungsgrund eingreift.

Gerechtfertigt wird die Tat des Täters, also die Tatbestandsverwirklichung durch eine Handlung. Verwirklicht der Täter mit einer Handlung mehrere Straftatbestände, kann die eine Tatbestandsverwirklichung gerechtfertigt sein, die andere hingegen nicht.

Beispiel: Um den Angriff eines anderen abzuwenden, schlägt der Täter mit der Vase seines Nachbarn auf den Angreifer ein. Die Körperverletzung kann nach § 32 StGB gerechtfertigt sein, weil sie sich gegen den Angreifer richtet und der Täter sich daher verteidigt. Die Sachbeschädigung schützt hingegen den Eigentümer und damit in diesem Fall den Nachbarn. Sie kann nicht durch Notwehr, aber gemäß § 904 BGB gerechtfertigt sein.

Die objektiven Anforderungen an die Rechtfertigung ergeben sich aus den einzelnen Rechtfertigungsgründen. Allgemein lässt sich darstellen, welche Rolle die Vorstellungen und Motive des Täters für seine Rechtfertigung spielen (subjektives Rechtfertigungselement).

1. Einzelne Rechtfertigungsgründe

Auf dem Poster zu klausurtypischen Unrechts- und Schuldausschlussgründen in der Mitte dieses Überblicks finden sich wesentliche Informationen zu einzelnen Rechtfertigungsgründen kurz zusammengefasst.

Die Rechtfertigungsgründe sind nicht nur im StGB geregelt. Sie können sich auch aus anderen Gesetzen ergeben (z.B. §§ 228, 229, 859, 904 BGB).

a) Notwehr, § 32 StGB

aa) Ein **Angriff** ist jedes menschliche Verhalten, das Rechtsgüter bedroht.

Beispiel: Tötet der Täter einen Hund, der ihn angreift, kann die dadurch verwirklichte Sachbeschädigung also grundsätzlich nicht gemäß § 32 StGB (aber gemäß § 228 BGB) gerechtfertigt sein. Hetzt jedoch das Herrchen seinen Hund auf den Täter, handelt es sich um einen Angriff des Herrchens.

Das Verhalten muss nicht Leib oder Leben bedrohen. Ausreichend ist beispielsweise, wenn es das Eigentum gefährdet. Nicht erforderlich ist, dass der Angreifer einen Straftatbestand verwirklicht.

Beispiel: Schlägt der Täter das Opfer, damit es nicht gegen seinen Willen sein Grundstück betritt, kann die Körperverletzung gemäß § 32 StGB gerechtfertigt sein. Irrelevant ist, ob das Grundstück eingezäunt und daher als befriedetes Besitztum i.S.d. § 123 Abs. 1 StGB anzusehen ist.

Auch muss der Angriff sich nicht gegen den Täter richten. Nach § 32 StGB kann vielmehr die Verteidigung durch einen anderen gerechtfertigt sein (Nothilfe).

bb) Der Angriff ist **gegenwärtig**, wenn er unmittelbar bevorsteht oder schon begonnen hat, aber noch nicht abgeschlossen ist.

Beispiel: Der Angriff des Diebes auf das Eigentum ist erst dann nicht mehr gegenwärtig, wenn er die Sachen in Sicherheit gebracht hat.

cc) Rechtswidrig ist der Angriff nur dann nicht, wenn er seinerseits durch einen Rechtfertigungsgrund gedeckt ist.

dd) Um eine **Verteidigung** handelt es sich nur, wenn die Tat des Täters sich gegen Rechtsgüter des Angreifers richtet.

ee) Erforderlich ist die Verteidigung, wenn der Täter den Angriff nicht mit einem gleich geeigneten, aber milderen Mittel abwenden kann. Um ein milderes Mittel handelt es sich nicht beim Ausweichen (Das Recht braucht dem Unrecht nicht zu weichen).

Beispiel: Erschießt der Täter den Angreifer, kann es gleich geeignet sein, vor dem tödlichen Schuss zu versuchen, mit einem Warnschuss oder einem Schuss in die Beine den Angriff abzuwenden (sog. 3-Stufen-Modell bei potentiell tödlichen Verteidigungsmaßnahmen).

ff) Geboten ist die Verteidigung nur dann nicht, wenn das Notwehrrecht aus „sozialethischen Gründen" eingeschränkt ist.

Bei einem krassen Missverhältnis zwischen dem geschützten und dem beeinträchtigten Interesse ist eine Rechtfertigung gemäß § 32 StGB ausgeschlossen.

Beispiel: Erschießt der Täter das Opfer, weil er nur so verhindern kann, dass es Äpfel von seinem Baum stiehlt, ist der Totschlag nicht durch Notwehr gerechtfertigt.

Hat der Täter das Opfer provoziert, um sich gegen den Angriff zu verteidigen (Absichtsprovokation), ist seine Verteidigung nicht gemäß § 32 StGB gerechtfertigt.

Hat der Täter das Opfer aus einer anderen Motivation heraus in vorwerfbarer Weise zum Angriff provoziert (sonst vorwerfbare Notwehrprovokation), ist sein Notwehrrecht eingeschränkt. Er muss zunächst ausweichen und sich darauf beschränken, sich selbst zu schützen (Schutzwehr), selbst wenn diese Mittel nicht in gleicher Weise geeignet sind, den Angriff abzuwenden. Unter Umständen muss er geringfügige Verletzungen hinnehmen. Nur wenn diese Mittel offensichtlich nicht ausreichen, darf der Täter sich wie sonst auch (mit Trutzwehr) verteidigen (sog. 3-Stufen-Modell).

Beispiel: Der Täter hat ein Gemälde des Opfers zerstört. Das Opfer will den Täter daraufhin schlagen. Wehrt sich der Täter dagegen mit einem Schlag, ist seine Körperverletzung nicht gemäß § 32 StGB gerechtfertigt, wenn er das Opfer zum Angriff provozieren wollte. Kam es ihm hierauf nicht an, darf er das Opfer nur schlagen, wenn er nicht ausweichen kann und auch keine Möglichkeit besteht, die Schläge des Opfers abzufangen. Das Risiko geringfügiger Verletzungen muss er dabei hinnehmen.

Auch wenn der Angreifer zwar rechtswidrig, aber schuldlos handelt, darf der Täter sich nur nach Maßgabe des 3-Stufen-Modells verteidigen.

Gleiches gilt nach h.M., wenn der Täter zum Angreifer in einem engen persönlichen Verhältnis (z.B. Ehe) steht. Sie argumentiert, dass der Täter in solchen Fällen als Garant besonders verpflichtet sei, den Angreifer vor Schäden zu bewahren.

gg) Erforderlich ist auch ein **subjektives Rechtfertigungselement**.

b) Notstand, § 34 StGB

aa) Es muss eine **Gefahr für Leben, Leib, Freiheit, Ehre, Eigentum oder ein anderes Rechtsgut** bestehen. Im Unterschied zum Angriff bei der Notwehr muss diese Gefahr nicht von einem Menschen ausgehen.

bb) Gegenwärtig kann die Gefahr auch dann sein, wenn sie nicht unmittelbar bevorsteht, sich aber jederzeit realisieren kann.

Beispiel: Verprügelt der Ehemann seine Frau regelmäßig, wenn er betrunken nach Hause kommt, besteht schon dann eine gegenwärtige Gefahr für die Frau, wenn der Mann betrunken nach Hause kommt. Ein Angriff i.S.d. § 32 StGB liegt hingegen erst vor, wenn der Ehemann sich entschließt, seine Frau zu verprügeln und sich ihr nähert, um sein Vorhaben in die Tat umzusetzen.

Die Notwehr setzt nicht voraus, dass der Angriff gefährlicher ist als die Verteidigung. Der Täter darf das Opfer also auch erschießen, wenn er nur so verhindern kann, dass das Opfer ihn verprügelt. Es gibt jedoch Fälle, in denen eine Verteidigung zu weitgehend erscheint, auch wenn sie erforderlich ist. In solchen Fällen ist die Notwehr nicht geboten.

cc) Nicht anders abwendbar ist die Gefahr, wenn dem Täter kein gleich geeignetes, aber milderes Mittel zur Verfügung steht. Anders als bei der Notwehr ist auch Ausweichen ein milderes Mittel.

Beispiel: Schüttet die Ehefrau ihrem Ehemann Schlafmittel in dessen Getränk, um nicht verprügelt zu werden, ist die Gefahr anders abwendbar, wenn sie das Haus verlassen und woanders Zuflucht finden könnte.

dd) Bei der Frage, ob das **geschützte Interesse das beeinträchtigte wesentlich überwiegt,** kommt es auf die **betroffenen Rechtsgüter** und den **Grad der ihnen drohenden Gefahren** an. Geht die Gefahr vom Opfer aus, ist entsprechend § 228 BGB nur erforderlich, dass der Schaden nicht außer Verhältnis zur Gefahr steht (Defensivnotstand im Gegensatz zum Aggressivnotstand).

Beispiel: Schüttet die Ehefrau ihrem Mann Schlafmittel in das Getränk, könnte man argumentieren, dass die körperlichen Folgen eines Schlafmittels weniger schwer wiegen als die Gefahr, verprügelt zu werden. Betroffen ist zwar jeweils die körperliche Unversehrtheit als Rechtsgut. Der Grad der drohenden Gefahr ist aber unterschiedlich.

Jedenfalls aber ist in solchen Fällen der Maßstab des § 228 BGB heranzuziehen. Der Schaden kann also erheblicher sein als die abgewendete Gefahr. Er darf lediglich nicht außer Verhältnis zu ihr stehen. Selbst wenn also durch das Schlafmittel eine erheblichere Gefahr drohen würde als durch das Verprügeln, dürfte die Ehefrau ihrem Mann das Schlafmittel verabreichen. Sie dürfte ihren Mann jedoch nicht töten. Dies gilt nach h.M. selbst dann, wenn die Gefahr bestünde, dass ihr Ehemann sie ansonsten totschlagen würde. Die h.M. geht generell davon aus, dass ein Leben nicht gegen ein anderes abgewogen werden dürfe.

Nach a.A. ist die Angemessenheit der Gefahrabwendung ein Kriterium im Rahmen der Interessenabwägung. § 34 S. 2 StGB hat nach dieser Auffassung keine eigenständige Bedeutung.

ee) Auch wenn das geschützte Interesse das beeinträchtigte wesentlich überwiegt, kann es sein, dass die Tat kein **angemessenes Mittel der Gefahrabwendung** ist. Dies gilt beispielsweise, wenn sich aus der Rechtsordnung ergibt, dass die Gefahr hinzunehmen ist.

Beispiel: Ein Freund des Täters will dem Opfer einen Faustschlag verpassen. Das Opfer wehrt sich mit Messerstichen. Um die Messerstiche abzuwenden, schlägt der Täter auf das Opfer ein.

Sind die Messerstiche des Opfers nach § 32 StGB gerechtfertigt, handelt der Täter nicht in Nothilfe, weil er seinen Freund nicht gegen einen rechtswidrigen Angriff verteidigt. Er wendet mit seinen Schlägen nicht nur einen Angriff, sondern auch eine gegenwärtige Gefahr für seinen Freund ab. Besteht für ihn keine andere Möglichkeit hierzu (z.B. indem er seinen Freund davon abhält, das Opfer anzugreifen), kommt es zunächst darauf an, ob das geschützte Interesse das beeinträchtigte wesentlich überwiegt. Betroffen ist jeweils die körperliche Unversehrtheit. Die des Freundes war jedoch durch die Messerstiche in erheblich höherem Maße gefährdet als die des Opfers durch die Schläge. Das geschützte Interesse überwiegt das beeinträchtigte daher wesentlich. Jedoch ergibt sich aus § 32 StGB, dass die Gefahr für den Freund hinzunehmen ist.

Umstritten sind Fälle, in denen der Täter genötigt wird, eine Tat zu begehen (Nötigungsnotstand).

Beispiel: Der Täter wird unter Vorhalt einer Pistole von einem Dritten genötigt, dem Opfer einen Faustschlag zu verpassen.

Das Interesse des Täters, nicht erschossen zu werden, überwiegt zwar wesentlich das Interesse des Opfers, nicht geschlagen zu werden. Die h.M. geht trotzdem davon aus, dass der Schlag des Täters nicht angemessen sei, weil das Opfer sich ansonsten nicht gemäß § 32 StGB wehren dürfte. Der Täter könne allenfalls gemäß § 35 StGB entschuldigt handeln. Eine a.A. sieht keinen Grund, dem Täter in solchen Fällen die Rechtfertigung zu versagen. Sie verweist darauf, dass § 35 StGB nicht eingreift, wenn die Gefahr weder dem Täter selbst noch einer nahestehenden Person droht. Würde der Dritte in diesem Beispiel damit drohen, eine Passantin zu erschießen, wäre der Schlag des Täters nach h.M. weder gerechtfertigt noch entschuldigt.

ff) Das **subjektive Rechtfertigungselement** muss vorliegen.

c) Einwilligung

Willigt das Opfer in die Handlung des Täters ein, kann die Tat gerechtfertigt sein. Dies ist im StGB nicht ausdrücklich geregelt, aber gewohnheitsrechtlich anerkannt.

aa) Die Rechtfertigung setzt voraus, dass das Opfer über das vom Tatbestand geschützte Rechtsgut verfügen darf **(Dispositionsbefugnis)**. Ist es Inhaber des Rechtsguts, darf es dies grundsätzlich. Ausnahmen ergeben sich aus den §§ 216, 228 StGB.

(1) Da **§ 216 StGB** die Tötung auf Verlangen, also aufgrund einer Einwilligung, ausdrücklich unter Strafe stellt, können Tötungsdelikte grundsätzlich nicht durch eine Einwilligung des Opfers gerechtfertigt werden. Hiervon werden jedoch einige Ausnahmen gemacht.

Verlangt das Opfer nicht getötet zu werden, sondern willigt es lediglich in eine lebensgefährliche Handlung des Täters ein, kann das Tötungsdelikt gerechtfertigt sein. Je geringer das Risiko der Tötung und je höher das Interesse des Opfers an der Handlung zu bewerten ist, desto eher ist der Täter aufgrund der Einwilligung gerechtfertigt.

Beispiel: Das Opfer willigt in eine Operation mit hohem Risiko ein und stirbt dabei. Ist die Operation medizinisch notwendig, handelt der Arzt gerechtfertigt. Ob er dabei nur den Tatbestand der fahrlässigen Tötung verwirklicht oder bedingt vorsätzlich handelt, ist irrelevant. Stirbt das Opfer hingegen bei einer hoch riskanten Schönheitsoperation, wirkt die Einwilligung unter Umständen nicht rechtfertigend.

Leidet das Opfer an einer Krankheit, an der es in absehbarer Zeit sterben wird, kann es mit rechtfertigender Wirkung darin einwilligen, dass ihm zum Zweck der Schmerzlinderung Mittel verabreicht werden, die den Todeseintritt beschleunigen (sog. indirekte Sterbehilfe). Selbst wenn der Täter in einem solchen Fall weiß, dass er das Opfer tötet, handelt er gerechtfertigt.

Einige Autoren gehen davon aus, dass der Täter in Fällen der indirekten Sterbehilfe durch Notstand (§ 34 StGB) gerechtfertigt sei.

Selbst eine absichtliche Tötung kann durch die Einwilligung eines tödlich erkrankten Opfers gerechtfertigt sein, wenn der Täter lediglich die Behandlung abbricht.

Beispiel: Das Opfer ist unheilbar an Krebs erkrankt. Im Endstadium der Krankheit verspürt es starke Schmerzen und muss künstlich beatmet werden. Mit Einwilligung des Opfers darf der Arzt starke Schmerzmittel verabreichen, selbst wenn sie eher zum Tod des Opfers führen. Auch darf er mit Einwilligung das Beatmungsgerät abstellen, um das Opfer zu töten.

(2) Nach **§ 228 StGB** handelt der Täter trotz der Einwilligung in eine Körperverletzung rechtswidrig, wenn die Tat gegen die guten Sitten verstößt. Jedoch kann nach h.M. auch eine in anderer Hinsicht rechtswidrige Handlung die Körperverletzung rechtfertigen, wenn der Täter mit ihr das Opfer nicht erheblich gefährdet.

Beispiel: Verabreicht der Täter dem Opfer Betäubungsmittel in einer geringen Dosierung, kann eine Einwilligung des Opfers rechtfertigend wirken, selbst wenn der Täter gegen Vorschriften des BtMG verstößt.

Je gefährlicher die Handlung des Täters und je geringer das Interesse des Opfers an der Handlung zu bewerten ist, desto eher ist die Körperverletzung trotz der Einwilligung gemäß § 228 StGB rechtswidrig. Insoweit entsprechen die Kriterien denen zur Rechtfertigung eines Tötungsdelikts.

bb) Das Opfer muss in die Handlung des Täters einwilligen. Ist es dazu nicht fähig, kann auch ein Vertreter einwilligen. Willigen weder das Opfer noch der gesetzliche Vertreter ein, weil sie von der Tat nichts mitbekommen, kann die Tat gerechtfertigt sein, wenn das Opfer mutmaßlich eingewilligt hätte.

Die Gründe, aus denen eine Einwilligung unwirksam sein kann, entsprechen denen, aus denen eine Selbstgefährdung als nicht freiverantwortlich zu beurteilen sein kann.

(1) Die **Einwilligung des Opfers** kann die Tat nur rechtfertigen, wenn sie wirksam ist. Hierzu muss das Opfer die Tragweite der Einwilligung erfassen. Daran kann es zum einen fehlen, wenn das Opfer überhaupt nicht in der Lage war, die Tragweite der Einwilligung zu erfassen. Zum anderen kann es sich über Umstände irren, die hierfür relevant sind.

Beispiel: Die Einwilligung eines Kindes in eine Operation ist unwirksam, weil es die Tragweite des Eingriffs nicht beurteilen kann. Die Einwilligung eines Erwachsenen ist unwirksam, wenn er vom Arzt nicht zutreffend über die Vor- und Nachteile der Operation aufgeklärt wurde und die Tragweite deshalb nicht erfasst.

Hat das Opfer die Tragweite der Einwilligung aufgrund eines Irrtums verkannt, kann die Tat nach h.M. trotzdem gerechtfertigt sein, wenn das Opfer auch eingewilligt hätte, wenn es die Tragweite der Entscheidung erfasst hätte (hypothetische Einwilligung).

Beispiel: Irrt sich das Opfer, weil es vom Arzt unzutreffend aufgeklärt wurde, ist die Körperverletzung durch die Operation gerechtfertigt, wenn das Opfer auch ohne Irrtum eingewilligt hätte (vgl. auch § 630 h Abs. 2 S. 2 BGB).

In solchen Fällen könnte man unter Umständen argumentieren, dass schon gar keine Einwilligung des Opfers vorliegt.

Nötigt der Täter das Opfer rechtswidrig zur Einwilligung, ist diese unwirksam.

Beispiel: Der Täter droht dem Opfer, dessen Freundin zu schlagen, wenn es sich nicht damit einverstanden erklärt, selbst geschlagen zu werden. Willigt das Opfer ein, ist die Körperverletzung nicht durch Einwilligung gerechtfertigt.

(2) Ist das Opfer nicht fähig einzuwilligen, kann die Tat aufgrund einer Einwilligung des **gesetzlichen Vertreters** gerechtfertigt sein.

Bei Minderjährigen können Eltern als gesetzliche Vertreter (§§ 1626 Abs. 1, 1629 Abs. 1 BGB) in Handlungen einwilligen, die dem Wohl des Kindes entsprechen (§ 1627 S. 1 BGB).

Beispiel: Ob die Beschneidung eines kleinen Jungen dessen Wohl entspricht und die Einwilligung der Eltern die Tat rechtfertigt, hängt von den Umständen des Einzelfalles ab (vgl. § 1631 d BGB).

Ist ein Volljähriger krankheitsbedingt nicht fähig, selbst einzuwilligen, kann er von einem Betreuer vertreten werden (§§ 1896 Abs. 1 S. 1, 1902 BGB). Der Betreuer darf nur in Handlungen einwilligen, die dem Wohl und den Wünschen des Betreuten entsprechen (§ 1901 Abs. 2, 3 BGB). Hat der Betreute eine Patientenverfügung verfasst, muss der Betreuer sie nach Maßgabe der §§ 1901 a f. BGB berücksichtigen. Für die Einwilligung in besonders riskante ärztliche Maßnahmen braucht der Betreuer die Genehmigung des Betreuungsgerichts (§ 1904 BGB).

(3) Auch wenn keine rechtfertigende Einwilligung des Opfers oder dessen gesetzlichen Vertreters vorliegt, kann die Tat gerechtfertigt sein. Vorauszusetzen ist, dass das Opfer einwilligen würde, wenn es in Kenntnis der Tragweite der Handlung entscheiden würde (**mutmaßliche Einwilligung**). Daran kann es insbesondere fehlen, wenn das Opfer erwarten würde, vor der Handlung selbst gefragt zu werden.

Beispiel: Wird ein Bewusstloser ins Krankenhaus eingeliefert, darf der Arzt eine Operation vornehmen, die besonders dringend ist. Nur dann ist davon auszugehen ist, dass der Bewusstlose nicht erwarten würde, dass mit dem Eingriff gewartet wird, bis er aufwacht und selbst darüber entscheidet.

cc) Das **subjektive Rechtfertigungselement** muss vorliegen.

2. Subjektives Rechtfertigungselement

Bei jedem Rechtfertigungsgrund ist das subjektive Rechtfertigungselement von Bedeutung.

Zurechenbarkeit von Deliktsmerkmalen beim Vorsatztäter

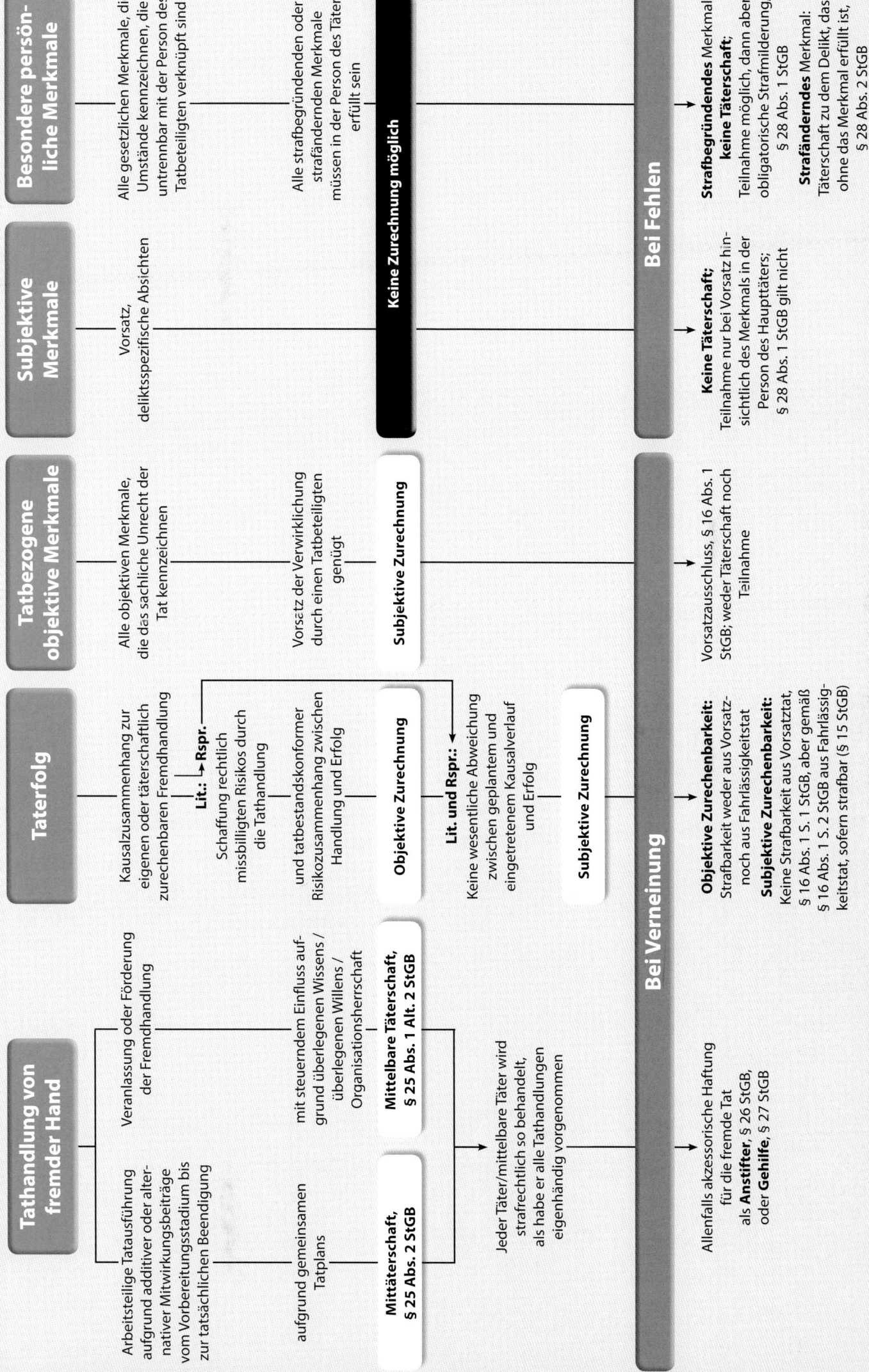

Tathandlung von fremder Hand

Veranlassung oder Förderung der Fremdhandlung

Arbeitsteilige Tatausführung aufgrund additiver oder alternativer Mitwirkungsbeiträge vom Vorbereitungsstadium bis zur tatsächlichen Beendigung

aufgrund gemeinsamen Tatplans

Mittäterschaft, § 25 Abs. 2 StGB

mit steuerndem Einfluss aufgrund überlegenen Wissens / überlegenen Willens / Organisationsherrschaft

Mittelbare Täterschaft, § 25 Abs. 1 Alt. 2 StGB

Jeder Täter/mittelbare Täter wird strafrechtlich so behandelt, als habe er alle Tathandlungen eigenhändig vorgenommen

Bei Verneinung

Allenfalls akzessorische Haftung für die fremde Tat als **Anstifter**, § 26 StGB, oder **Gehilfe**, § 27 StGB

Täterfolg

Kausalzusammenhang zur eigenen oder täterschaftlich zurechenbaren Fremdhandlung

Lit.: → Rspr.

Schaffung rechtlich missbilligten Risikos durch die Tathandlung

und tatbestandskonformer Risikozusammenhang zwischen Handlung und Erfolg

Objektive Zurechnung

Lit. und Rspr.:

Keine wesentliche Abweichung zwischen geplantem und eingetretenem Kausalverlauf und Erfolg

Subjektive Zurechnung

Bei Verneinung

Objektive Zurechenbarkeit: Strafbarkeit weder aus Vorsatz- noch aus Fahrlässigkeitstat

Subjektive Zurechenbarkeit: Keine Strafbarkeit aus Vorsatztat, § 16 Abs. 1 S. 1 StGB, aber gemäß § 16 Abs. 1 S. 2 StGB aus Fahrlässigkeitstat, sofern strafbar (§ 15 StGB)

Tatbezogene objektive Merkmale

Alle objektiven Merkmale, die das sachliche Unrecht der Tat kennzeichnen

Vorsatz der Verwirklichung durch einen Tatbeteiligten genügt

Subjektive Zurechnung

Bei Fehlen

Vorsatzausschluss, § 16 Abs. 1 StGB; weder Täterschaft noch Teilnahme

Subjektive Merkmale

Vorsatz, deliktsspezifische Absichten

Keine Zurechnung möglich

Bei Fehlen

Keine Täterschaft; Teilnahme nur bei Vorsatz hinsichtlich des Merkmals in der Person des Haupttäters; § 28 Abs. 1 StGB gilt nicht

Besondere persönliche Merkmale

Alle gesetzlichen Merkmale, die Umstände kennzeichnen, die untrennbar mit der Person des Tatbeteiligten verknüpft sind

Alle strafbegründenden oder strafändernden Merkmale müssen in der Person des Täters erfüllt sein

Keine Zurechnung möglich

Bei Fehlen

Strafbegründendes Merkmal: keine Täterschaft; Teilnahme möglich, dann aber obligatorische Strafmilderung, § 28 Abs. 1 StGB

Strafänderndes Merkmal: Täterschaft zu dem Delikt, das ohne das Merkmal erfüllt ist, § 28 Abs. 2 StGB

Klausurtypische Unrechts- und Schuldausschlussgründe

Tatbestand

Eigenverantwortliche Selbstverletzung/-gefährdung

Auf dem Prinzip der Selbstverantwortung beruhender Tatbestandsausschluss bei allen Straftaten zum Schutz von persönlichen Rechtsgütern. Voraussetzungen:

- Herrschaft über den letzten erfolgsursächlichen Akt liegt beim Opfer.
- Das Opfer muss den Entschluss dazu in Kenntnis der möglichen Folgen seines Verhaltens und nach strafrechtlichen Maßstäben voll verantwortlich und ohne rechtsgutsbezogenen Irrtum getroffen haben.

Einverständnis

Tatbestandsausschließender Rechtsschutzverzicht des Dispositionsberechtigten; möglich bei allen Tatbestandsmerkmalen, deren Verwirklichung vom entgegenstehenden/fehlenden Willen des Opfers abhängig ist.

- Bei faktischen Positionen genügt der tatsächliche Wille.
- Bei normativen Umständen muss die Entscheidung von einer entscheidungsfähigen Person ohne Willensmängel erklärt worden sein.

Risikoverringerung

Nach dem Schrifttum Zurechnungsausschluss wegen Fehlens eines rechtlich missbilligten Risikos, wenn der Täter

- ein nicht von ihm zu verantwortendes Risiko der Tatbestandsverwirklichung hinausgezögert oder abgeschwächt hat
- und keine neue andersartige Gefahr geschaffen hat.

Rechtswidrigkeit

Spezielle Erlaubnissätze des Besonderen Teils

- § 193 StGB bei Ehrverletzungen
- § 218 a StGB bei Schwangerschaftsabbrüchen

Einwilligung

(Erklärter) Rechtsschutzverzicht des Dispositionsberechtigten,

- der einwilligungsfähig sein muss
- und dessen Entscheidung ernstlich und ohne Willensmängel
- nach außen kundgetan worden sein muss

Mutmaßliche Einwilligung

Eingriff im Interesse des Dispositionsberechtigten, der tatsächlich nicht befragt werden kann, aber nach seinem zu vermutenden Willen eingewilligt hätte

Öffentlich-rechtliche Ermächtigungsgrundlagen

Beim Handeln von Amtsträgern nach dem für § 113 Abs. 3 S. 1 StGB entwickelten strafrechtlichen Rechtsmäßigkeitsbegriff

Jedermann-Festnahme, § 127 I 1 StPO

Sicherung des staatlichen Strafanspruchs durch Private bei

- frischer Tat
- Fluchtverdacht/nicht sofort feststellbarer Identität

Notwehr, § 32 StGB

Auf dem Rechtsbewährungs- und Schutzprinzip basierendes Verteidigungsrecht

- bei gegenwärtigen, rechtswidrigen Angriffen,
- zur erforderlichen und gebotenen Verteidigung

(Rechtfertigender) Notstand, § 34 StGB

Auf dem Prinzip der Güterabwägung beruhendes Eingriffsrecht bei

- drohender, nicht anders abwendbarer Gefahr für ein
- höherwertiges rechtlich geschütztes Interesse und
- Angemessenheit des Eingriffs

Zivilrechtliche Selbsthilfe

Durchbrechung des Gewaltmonopols des Staates

- zur Sicherung gefährdeter Forderungen, § 229 BGB
- zum Schutz des Besitzers vor verbotener Eigenmacht, § 859 BGB

Zivilrechtlicher Notstand bei Einwirkungen auf eine Sache

- zur Abwehr einer von der Sache selbst ausgehenden Gefahr und Herbeiführung eines nicht unverhältnismäßigen Schadens, § 228 BGB
- zur Abwehr einer Gefahr für ein höherwertiges Gut, § 904 BGB

Pflichtenkollision

Recht zur Unterlassung

- beim Zusammentreffen mehrerer gleichwertiger Handlungspflichten und
- Erfüllung eines Handlungsgebots auf Kosten der anderen

Schuld

Notwehrexzess, § 33 StGB

Überschreitung der Grenzen der Erforderlichkeit oder Gebotenheit der Verteidigung aus einem defensiven Affekt bei tatsächlich gegebener Notwehrlage

(Entschuldigender) Notstand, § 35 StGB

Abwehr einer gegenwärtigen Gefahr für Leib, Leben oder Freiheit für den Täter oder eine ihm nahestehende Person

Übergesetzlicher Notstand, § 35 StGB analog

Abwehr einer nicht zumutbaren Gefahr für Leib und Leben für eine dem Täter nicht nahestehende Person durch Tötung oder Verletzung einer anderen Person, deren Rechtsgüter auch ohne den Eingriff verloren gewesen wären (str.)

Strafrechtliche Irrtumslehre: Behandlung von Fehlvorstellungen des Alleintäters bzgl. Tatbestand, Rechtswidrigkeit und Schuld

Bezugspunkt:

Objektiver Tatbestand

- Tatsachen, sozialer Sinngehalt und sog. Rechtstatsachen, durch die ein *strafbegründendes* oder ein *strafschärfendes* Merkmal ausgefüllt wird (= Umstände)
- Umstände (s.o.), die ein *strafmilderndes* Merkmal ausfüllen
- Strafrechtliche Reichweite des Merkmals
- Verbotensein der Tat als solches

Rechtfertigung

- Tatsachen, durch die ein anerkannter Rechtfertigungsgrund ausgefüllt wird
- Rechtstatsachen, von denen die Erfüllung eines Erlaubnismerkmals abhängt
- Strafrechtliche Reichweite des Erlaubnismerkmals
- Existenz eines nicht anerkannten Erlaubnissatzes

Entschuldigung

- Tatsachen, durch die ein anerkannter Entschuldigungsgrund ausgefüllt wird
- Existenz und Grenzen eines Entschuldigungsgrundes

Unkenntnis:

Objektiver Tatbestand

Tatbestandsirrtum:
Keine Bestrafung aus Vorsatztat, § 16 I 1 StGB; wenn Fahrlässigkeitstatbestand existiert, Bestrafung hieraus möglich, § 16 I 2 StGB

Tatbestandsirrtum:
Keine Bestrafung aus Privilegierung, sondern nur aus Grundtatbestand

Für Vorsatz irrelevanter **Subsumtionsirrtum**, ggf.:

Verbotsirrtum, § 17 StGB

Rechtfertigung

Fehlen des subjektiven Rechtfertigungselements:
- Nach Rspr.: keine Rechtfertigung
- Nach Lehre vom Handlungs- und Erfolgsunrecht: bei Vorsatztat Bestrafung aus Versuch; bei Fahrlässigkeitstat Straflosigkeit

Irrige Annahme der Rechtswidrigkeit der eigenen Handlung bei Kenntnis der Konfliktlage und Rettungswillen – **Umgekehrter Verbotsirrtum:** Tat ist gerechtfertigt; Fehlvorstellung begründet nur strafloses Wahndelikt

Nicht denkbar; Tat ist rechtswidrig

Entschuldigung

Entschuldigungsgrund greift nicht ein

Irrige Annahme der Schuldhaftigkeit des eigenen Verhaltens bei Kenntnis der Konfliktlage und Rettungswillen: Tat ist entschuldigt; Fehlvorstellung begründet nur strafloses Wahndelikt

Irrige Annahme:

Objektiver Tatbestand

Umgekehrter Tatbestandsirrtum:
Untauglicher Versuch, § 22 StGB; bei irriger Annahme nur des strafschärfenden Merkmals: Versuch in Tateinheit mit vollendetem Grunddelikt

Umgekehrter Tatbestandsirrtum:
Bestrafung aus Privilegierung, § 16 II StGB

Umgekehrter Subsumtionsirrtum:
Strafloses Wahndelikt

Umgekehrter Verbotsirrtum:
Strafloses Wahndelikt

Rechtfertigung

Eingeschränkte Schuldtheorie: **Erlaubnistatbestandsirrtum** mit Rechtsfolge des § 16 I 1 StGB (analog); wenn Fahrlässigkeitstatbestand existiert, Bestrafung hieraus möglich, § 16 I 2 StGB (analog)

Eingeschränkte Schuldtheorie:
- Bei Rechtsirrtümern auf Voraussetzungsseite eines anerkannten Rechtfertigungsgrundes: **Erlaubnistatbestandsirrtum**
- Bei Rechtsirrtümern über gesamttatbewertende Rechtfertigungsmerkmale: **Erlaubnisirrtum**

Indirekter Verbotsirrtum = **Erlaubnisirrtum:** zu behandeln wie Verbotsirrtum, § 17 StGB

Entschuldigung

Entschuldigungstatbestandsirrtum: § 35 II StGB (analog für alle anerkannten Entschuldigungsgründe): bei Unvermeidbarkeit Entschuldigung; bei Vermeidbarkeit nur Strafmilderung möglich

Rechtsirrtum für Schuldspruch unerheblich; allenfalls Berücksichtigung auf Strafzumessungsebene

	Einzeltäter Begehungsdelikt	Einzeltäter unechtes Unterlassungsdelikt	Mittäter / mittelbarer Täter	Teilnehmer	Besondere Konstellationen
Strafbarkeit des Versuchs	• Bei **Verbrechen** immer, §§ 23 Abs. 1 Alt. 1, 12 Abs. 1 StGB • Bei **Vergehen** nur, wenn ausdrücklich bestimmt, §§ 23 Abs. 1 Alt. 2, 12 Abs. 2 StGB			• Bei Versuch der Haupttat ist voll-endete Teilnahme daran möglich • Bei **versuchter Teilnahme:** – Versuchte Beihilfe straflos – Versuchte (Ketten-)Anstiftung nach § 30/§ 159 StGB strafbar	• Bei **Erfolgsqualifikationen:** erfolgs-qualifizierter Versuch und versuchte Erfolgsqualifikation (h.M.) • Auch **untaugliche Versuche** strafbar, sogar bei unechten Unterlassungs-delikten; Arg. §§ 22, 23 Abs. 3 StGB
Tatentschluss	• **Endgültiger Handlungswille** in Kenntnis/Annahme aller für die **Tatbestandsverwirklichung** er-forderlichen **Umstände** • Erfüllung deliktsspezifischer **subjektiver Merkmale**	Zusätzlich zu den allgemeinen Anforderungen: • Vorsatz zur eigenen **Untätigkeit** bzgl. des Deliktserfolg • Kenntnis/Annahme eigener **tat-sächlicher und zumutbarer Er-folgsabwendungsmöglichkeit** • Kenntnis/Annahme eigener **Garantenstellung**	**Mittäter:** • Kenntnis/Annahme eines gemein-samen Tatplans und von Umstän-den gemeinschaftlicher Tataus-führung (Lit.) • Täterwille (Rspr.) **Mittelbarer Täter:** • Kenntnis/Annahme normativer/psychologischer/organisatorischer Tatherrschaft (Lit.) • Täterwille (Rspr.)	• Kenntnis/Annahme aller Umstände einer hinreichend konkreten vorsätzlichen, rechts-widrigen Haupttat • (Ketten-/Anstiftungs)vorsatz	• Kein Tatentschluss bei „Herbei-wünschen" des Deliktserfolges durch irreale, willentlich nicht be-herrschbare Umstände oder okkul-tistische Handlungen („aber-gläubischer Versuch") • Kein Tatentschluss bei irriger An-nahme eigener Strafbarkeit trotz richtiger Tatsachenkenntnis auf-grund eines umgekehrten Verbots-irrtums oder umgekehrten Sub-sumtionsirrtums („Wahndelikt")
Versuchsbeginn	**§ 22 StGB:** nach **Vorstellung des Täters** von der Tatsachenlage und Berücksich-tigung seines Tatplans **Unmittelbares Ansetzen** zur Tat-bestandsverwirklichung • durch Teilverwirklichung • oder nach Gefährdungstheorie/Zwischenaktstheorie • bei abgeschlossenem Taterhandeln nach Entlassungstheorie	**§ 22 StGB:** nach **Vorstellung des Täters** von der Tatsachenlage und Berücksich-tigung seines Tatplans **Unmittelbares Ansetzen** zur Tat-bestandsverwirklichung • nach Gefährdungstheorie • oder nach Entlassungstheorie (h.M.)	**§ 22 StGB:** nach **Vorstellung des Täters** von der Tatsachenlage und Berücksich-tigung seines Tatplans **Unmittelbares Ansetzen** zur Tat-bestandsverwirklichung • **Mittäter:** Gesamtlösung (h.M.) • **Mittelbarer Täter:** – nach Gefährdungstheorie – oder nach Entlassungstheorie • auch bei scheinbarer Mittäter-schaft oder scheinbarer mittelbarer Täterschaft als untauglicher Versuch (str)	**§ 30 Abs. 1 S. 1 StGB:** nach **Vorstellung des Teilnehmers** **Unmittelbares Ansetzen** zum Hervorrufen des Tatentschlusses	Bei **actio libera in causa-Tat:** Versuchsbeginn schon nach der Vorver-legungstheorie schon mit Beginn des Verlusts der Schuldfähigkeit (str)
Rücktritt	**§ 24 Abs. 1 StGB:** • Im Zeitpunkt der Tataufgabe noch **dieselbe,** bis dahin nur **versuchte** Tat; bei aus Tätersicht weiteren Handlungsmöglichkeiten entschei-det über die Rücktrittsfähigkeit der Rücktrittshorizont und die Gesamt-betrachtung • Beim **unbeendeten Versuch** durch freiwillige Aufgabe weiterer Tataus-führung (S. 1 Alt. 1) • Beim **beendeten** Versuch – Freiwillige Vollendungs-verhinderung (S. 1 Alt. 2) – Bei fehlender Verhinderungskau-salität freiwillige und ernsthafte Verhinderungsbemühungen (S. 2)	**§ 24 Abs. 1 StGB:** wie beim **beendeten Versuch** • Freiwillige Vollendungs-verhinderung (S. 1 Alt. 2) • Bei fehlender Verhinderungskau-salität ernsthafte und freiwillige Verhinderungsbemühungen (S. 2) durch Vornahme der gebotenen Handlung	**§ 24 Abs. 2 StGB:** wie beim **beendeten Versuch** • Freiwillige Vollendungsverhinde-rung (S. 1) • Bei fehlender Verhinderungskausa-lität oder bei mitwirkungsunab-hängiger Tatvollendung ernsthafte und freiwillige Verhinderungs-bemühungen (S. 2)	**§ 31 StGB:** • Freiwillige Aufgabe des Anstif-tungsvorhabens und Abwendung der Gefahr der Tatbegehung (Abs. 1 Nr. 1) • Bei fehlender Verhinderungs-kausalität oder bei mitwirkungsunab-hängiger Tatbegehung ernst-hafte und freiwillige Verhin-derungsbemühungen (Abs. 2)	• Rücktritt nach **Fehlschlag,** also Unmöglichkeit der Tatbestands-erfüllung im Zuge derselben Tat aus Tätersicht, Rücktritt nicht mehr möglich • Rücktritt vom Grunddeliktsversuch beseitigt Strafbarkeit aus **Erfolgs-qualifikation** trotz Eintritts des strafschärfenden Erfolges • **Teilrücktritt** nur von dem Versuch einer Vorsatzqualifikation nach Rspr. nicht möglich • Von **actio libera in causa-Versuch** und **Rauschtatversuch** Rücktritt möglich

Nach der Rspr. ist hierfür erforderlich, dass der Täter durch die rechtfertigenden Umstände zur Tat motiviert wird. Ist dies nicht der Fall, könne die Tat des Täters nicht gerechtfertigt sein.

Nach der h.L. ist eine solche Motivation nicht erforderlich. Entscheidend ist danach allein, ob der Täter die rechtfertigenden Umstände kennt. Kennt er sie nicht, sei eine vollendete Tat trotzdem gerechtfertigt. Da der Täter lediglich in subjektiver Hinsicht rechtswidrig handele, sei er jedoch wegen einer versuchten Tat strafbar.

Beispiel: Der Täter erschießt das Opfer, das gerade einen Dritten mit einem Messer angreift. Nach der Rspr. ist der Täter wegen Totschlags strafbar, wenn es ihm nicht darauf ankommt, den Dritten in Nothilfe (§ 32 StGB) zu verteidigen und ihm daher das subjektive Rechtfertigungselement fehlt. Nach h.L. kommt es hingegen darauf an, ob der Täter sich die Umstände vorstellt, die ihn nach § 32 StGB rechtfertigen. Ist dies der Fall, liegt danach das subjektive Rechtfertigungselement vor und die Handlung des Täters ist gerechtfertigt. Bemerkt er den Angriff nicht, fehlt es am subjektiven Rechtfertigungselement. Trotzdem ist der vollende Totschlag gerechtfertigt, weil der Täter in objektiver Hinsicht rechtmäßig handelt. Nur in subjektiver Hinsicht handelt er rechtswidrig, weshalb er nach h.L. wegen eines versuchten Totschlags strafbar ist.

3. Erlaubnistatbestandsirrtum

In der umgekehrten Situation handelt der Täter in objektiver Hinsicht rechtswidrig. Nur nach den Umständen, die er sich vorstellt, ist seine Tat gerechtfertigt. Welche Folgen ein solcher Erlaubnistatbestandsirrtum hat, ist umstritten. Nach Rspr. und h.L. ist § 16 Abs. 1 S. 1 StGB analog anzuwenden (eingeschränkte Schuldtheorie). Der Täter kann dann nicht wegen eines Vorsatzdelikts, sondern allenfalls wegen einer fahrlässigen Tat strafbar sein, wenn er den Irrtum vermeiden kann. Dafür spricht, dass der Täter dann in subjektiver Hinsicht genauso wenig rechtswidrig handelt, wie in der Situation, in der er nicht vorsätzlich handelt. Nach a.A. handelt es sich um einen Fall des Verbotsirrtums gemäß § 17 StGB (strenge Schuldtheorie). Kann der Täter den Irrtum vermeiden, ist er danach auch wegen eines Vorsatzdelikts strafbar.

Beispiel: Der Täter erschießt das Opfer in der Annahme, von diesem ansonsten mit einem Messer angegriffen zu werden. Tatsächlich hat das Opfer nichts dergleichen vor. Objektiv begeht der Täter den Totschlag (§ 212 Abs. 1 StGB) nicht in Notwehr (§ 32 StGB). Nach h.M. macht er sich jedoch analog § 16 Abs. 1 S. 1 StGB nicht wegen vorsätzlichen Totschlags strafbar, weil er sich in subjektiver Hinsicht rechtmäßig verhält. Kann der Täter erkennen, dass das Opfer ihn nicht angreifen will, kann er sich jedoch wegen fahrlässiger Tötung (§ 222 StGB) strafbar machen. Nach einer anderen Ansicht handelt der Täter nur dann ohne Schuld, wenn er den Irrtum nicht vermeiden kann. Ansonsten sei er wegen Totschlags (§ 212 Abs. 1 StGB) strafbar.

VI. Schuld

Handelt der Täter rechtswidrig, bedeutet dies, dass er die Handlung unterlassen müsste. Auch in diesen Fällen kann es jedoch sein, dass ihm seine Handlung nicht vorgeworfen werden kann. Dann handelt er ohne Schuld.

1. Verbotsirrtum, § 17 StGB

Ohne Schuld handelt der Täter gemäß § 17 StGB im unvermeidbaren Verbotsirrtum.

a) Dem Täter **fehlt** die **Einsicht, Unrecht zu tun**, wenn er nicht weiß, dass seine Handlung gegen die Rechtsordnung verstößt. Irrelevant ist, ob er sich vorstellt, sein Verhalten sei strafbar. Es kommt auf den Zeitpunkt der **Begehung der Tat**, also die Vornahme der Handlung (§ 8 StGB) an.

Beispiel: Der ausländische Täter fährt mit seinem Auto in einem verkehrsberuhigten Bereich (Spielstraße) schneller als Schrittgeschwindigkeit und daher einen Fußgänger an. Ihm fehlt die Einsicht, Unrecht zu tun, wenn er die Bedeutung des entsprechenden

Geht man vom dreistufigen Deliktsaufbau (Tatbestand, Rechtswidrigkeit und Schuld) aus und wendet § 16 Abs. 1 S. 1 StGB analog auf Umstände an, die zur Rechtswidrigkeit gehören, ist es konsequent, in solchen Fällen die (subjektive) Rechtswidrigkeit zu verneinen. Nach einer Variante der eingeschränkten Schuldtheorie ist hingegen erst die Schuld ausgeschlossen. So will sie erreichen, dass die Teilnahme (§§ 26, 27 StGB) an einer im Erlaubnistatbestandsirrtum begangenen Tat strafbar ist.

Auf dem Poster zu klausurtypischen Unrechts- und Schuldausschlussgründen in der Mitte dieses Überblicks finden sich wesentliche Informationen zu einzelnen Entschuldigungsgründen kurz zusammengefasst.

Verkehrsschildes nicht kennt und daher nicht weiß, dass er Schrittgeschwindigkeit fahren muss. Weiß er bei der Fahrt, dass er die vorgeschriebene Geschwindigkeit überschreitet, handelt er in dem Bewusstsein, Unrecht zu tun. Ob er sich vorstellt, seine Handlung könne nach § 229 StGB strafbar sein, wenn er deshalb einen Fußgänger verletzt, ist irrelevant.

b) Ob der Täter den Irrtum hätte **vermeiden können**, richtet sich insbesondere danach, ob er Anhaltspunkte hatte, an der Rechtmäßigkeit seines Verhaltens zu zweifeln. Dann wäre er verpflichtet gewesen, sich bei sachkundigen Personen zu informieren.

Beispiel: Fährt der ausländische Täter auf der Spielstraße zu schnell, weil er nicht weiß, dass er dort Schrittgeschwindigkeit fahren muss, kann er seinen Irrtum in der Regel vermeiden. Aufgrund der Beschilderung hatte er einen Anhaltspunkt, sich näher über die Verkehrsregeln zu informieren.

2. Schuldunfähigkeit wegen seelischer Störungen, § 20 StGB

Weil die BAK lediglich ein Indiz für Schuldunfähigkeit sein kann, sollte sie auch in einer Klausur mit weiteren Anhaltspunkten im Sachverhalt (z.B. Ausfallerscheinungen) begründet werden. Im Zweifel ist aber bei einer BAK von mehr als 3 Promille nach dem Grundsatz in dubio pro reo von Schuldunfähigkeit auszugehen.

Hat sich der Täter betrunken, kann er gemäß § 20 StGB schuldunfähig sein. Der Alkoholrausch kann nach h.M. eine **krankhafte seelische Störung** sein, die es dem Täter **bei Begehung der Tat** unmöglich macht, das **Unrecht der Tat einzusehen oder nach dieser Einsicht zu handeln**. Ab welcher Blutalkoholkonzentration (BAK) dies anzunehmen ist, richtet sich nach den Umständen des Einzelfalles (insbesondere der Alkoholgewöhnung des Täters und den Umständen der Tat). Nach der Rspr. ist eine BAK von mehr als 3 ‰ ein Indiz für die Schuldunfähigkeit des Täters. Ist der Täter aufgrund eines Alkoholrausches gemäß § 20 StGB schuldunfähig und kann deshalb nicht wegen einer Tat bestraft werden, kommt eine Strafbarkeit gemäß § 323 a StGB wegen Vollrausches in Betracht. Tathandlung ist dort das Betrinken.

Hat der Täter, als er sich betrunken hat, schon damit gerechnet, später eine Tat zu begehen (actio libera in causa), wird diskutiert, ob und wie auch eine Strafbarkeit wegen einer anderen Tat als § 323 a StGB begründet werden kann.

Nach einer Ansicht sei in solchen Fällen davon auszugehen, dass die Formulierung „bei Begehung der Tat" i.S.d. § 20 StGB sich auch auf die Phase des Betrinkens beziehe (Ausdehnungsmodell). War der Täter zu diesem Zeitpunkt schuldfähig, begehe er die Tat daher schuldhaft. Auch beim Verbotsirrtum (§ 17 StGB) könne das Vorverhalten des Täters die Schuld begründen. Jedoch ist beim Verbotsirrtum das Vorverhalten des Täters nur deshalb relevant, weil § 17 S. 2 StGB regelt, dass die Strafbarkeit davon abhängt, ob er seinen Irrtum (durch ein Vorverhalten) vermeiden konnte. Eine solche Regelung fehlt in § 20 StGB. Bei Begehung der Tat muss also auch dort i.S.d. § 8 StGB verstanden werden. Der Täter ist also schuldunfähig, wenn bei der Handlung, mit der er den Tatbestand verwirklicht, die Voraussetzungen des § 20 StGB vorliegen.

Eine andere Auffassung geht davon aus, dass in Fällen der actio libera in causa eine Ausnahme von § 20 StGB gewohnheitsrechtlich anerkannt sei (Ausnahmemodell). Dies kann jedoch schon deshalb nicht zutreffen, weil nach Art. 103 Abs. 2 GG die Strafbarkeit gesetzlich und nicht gewohnheitsrechtlich begründet sein muss.

Nach h.M. kann der Täter deshalb wegen der Handlung, die er im schuldunfähigen Zustand vornimmt, nicht bestraft werden. Sie fragt daher danach, ob der Täter den jeweiligen Tatbestand schon durch das Betrinken verwirklicht hat (Tatbestandslösung). Eine weitere Auffassung geht davon aus, dass die Tatbestandslösung bei Vorsatzdelikten versage. Selbst wenn der Täter beim Betrinken damit gerechnet habe, später das Opfer zu schlagen, habe er nicht vorsätzlich gehandelt. Zu diesem Zeitpunkt habe er noch nicht unmittelbar zur Verwirklichung der Körperverletzung angesetzt. Ein Vorsatzdelikt ohne vorherige Versuchsphase könne es jedoch nicht geben.

Beispiel: Der Täter schlägt im volltrunkenen Zustand das Opfer. Durch den Schlag kann er sich nach h.M. nicht wegen Körperverletzung (§ 223 Abs. 1 StGB) strafbar machen, wenn er zu diesem Zeitpunkt gemäß § 20 StGB schuldunfähig ist. Er könnte ein Körperverletzungsdelikt jedoch schon durch das Betrinken verwirklicht haben. Schon mit dem Betrinken habe er den Körperverletzungserfolg verursacht, weil er das Opfer nicht oder in anderer Weise geschlagen hätte, wenn er sich nicht betrunken hätte. Auch sei das Berauschen rechtlich missbilligt, damit der Täter im Rausch keine anderen Menschen schlägt oder andere Straftaten begeht. Dies erkenne man an § 323 a StGB. Hatte der Täter schon beim Betrinken den Vorsatz, im betrunkenen Zustand einen Menschen zu schlagen, nimmt die h.M. daher eine Strafbarkeit gemäß § 223 Abs. 1 StGB an. Die a.A. lehnt dies ab, weil der Täter zu diesem Zeitpunkt noch nicht unmittelbar zum Schlag angesetzt habe. Jedenfalls aber kommt eine Strafbarkeit wegen fahrlässiger Körperverletzung (§ 229 StGB) in Betracht, wenn er schon beim Betrinken damit rechnen musste, später einen Menschen zu schlagen.

3. Überschreitung der Notwehr, § 33 StGB

Nach h.M. handelt der Täter auch dann ohne Schuld, wenn er gemäß § 33 StGB die Notwehr überschreitet.

a) Um eine **Überschreitung der Notwehr** handelt es sich nach h.M. nur dann, wenn die Verteidigung des Täters nicht erforderlich oder nicht geboten ist (intensiver Notwehrexzess). Verteidigt er sich hingegen gegen einen Angriff, der noch nicht oder nicht mehr gegenwärtig ist (extensiver Notwehrexzess), sei § 33 StGB nicht einschlägig. Erst recht scheidet die Norm danach aus, wenn der Täter sich in nicht erforderlicher oder gebotener Weise gegen einen tatsächlich nicht vorliegenden Angriff wehrt (Putativnotwehrexzess). Dahinter steckt die Überlegung, dass nur in diesen Fällen das Unrecht der Tat gemindert sei, weil der Täter einen gegenwärtigen Angriff abwende.

b) Der Täter überschreitet die Notwehr **aus Verwirrung, Furcht oder Schrecken** (asthenische Affekte), wenn er sich in einem psychischen Ausnahmezustand befindet, deshalb das Geschehen nur in erheblich reduziertem Maße verarbeiten kann und aus diesem Grund die Grenzen der Notwehr überschreitet.

4. Entschuldigender Notstand, § 35 StGB

Handelt der Täter im entschuldigenden Notstand gemäß § 35 Abs. 1 StGB, ist die Schuld ausgeschlossen. Gleiches gilt, wenn er im unvermeidbaren Irrtum gemäß § 35 Abs. 2 StGB handelt (Entschuldigungstatbestandsirrtum).

a) Es muss eine **gegenwärtige Gefahr für Leib, Leben oder Freiheit** bestanden haben. Mit Freiheit ist nur die Freiheit, sich fortzubewegen gemeint. Im Übrigen sind diese Merkmale wie bei § 34 StGB zu verstehen.

b) Die Gefahr muss **dem Täter** selbst, **einem Angehörigen** i.S.d. § 11 Abs. 1 Nr. 1 StGB **oder einer anderen nahe stehenden Person** drohen.

c) Wann die Gefahr **nicht anders** als durch die Handlung des Täters **abwendbar** ist, richtet sich nach denselben Kriterien wie bei § 34 StGB.

d) Gemäß § 35 Abs. 1 S. 2 StGB handelt der Täter schuldhaft, wenn ihm **zugemutet werden konnte, die Gefahr hinzunehmen**. Als Grund hierfür führt das Gesetz an, dass er die Gefahr selbst verursacht hat. Er muss die Gefahr hierfür mindestens fahrlässig verursacht haben. Der Täter steht in einem besonderen Rechtsverhältnis, aufgrund dessen ihm zugemutet werden kann, die Gefahr hinzunehmen, wenn er z.B. einen Beruf ausübt, der mit der Hinnahme solcher Gefahren verbunden ist (z.B. Polizist oder Feuerwehrmann). Auch in diesen Fällen ist jedoch nach dem Einzelfall zu beurteilen, welche Gefahren der Täter hinnehmen musste.

Üblicherweise heißt es in solchen Fällen, der Täter sei „gemäß § 223 Abs. 1 StGB i.V.m. den Grundsätzen der actio libera in causa" strafbar. Dagegen spricht, dass sich gemäß Art. 103 Abs. 2 GG die Strafbarkeit nur aus einem Gesetz ergeben kann. Wie bei den §§ 222, 229 StGB, wo alle Vertreter der Tatbestandslösung nur die gesetzlichen Normen zitieren, müsste es daher auch bei vorsätzlichen Körperverletzungs- und Tötungsdelikten entbehrlich sein, auf die „Grundsätze der actio libera in causa" hinzuweisen.

Beispiel: Aus einem brennende Haus kann der Täter sich nur retten, indem er einem Feuerwehrmann das Sauerstoffgerät wegnimmt. Er findet sich damit ab, dass er dadurch den Tod des Feuerwehrmannes verursacht. Selbst wenn der Täter in diesem Fall den Brand selbst gelegt hat oder selbst Feuerwehrmann ist, ist ihm nicht zuzumuten, den eigenen Tod hinzunehmen.

e) Dem Täter muss es auf die Abwendung der Gefahr ankommen. Anders als beim subjektiven Rechtfertigungselement verlangt auch die h.L. beim subjektiven Entschuldigungselement, dass der Täter durch die entschuldigenden Umstände zur Tat motiviert wurde.

B. Modifizierende Regelungen zu Straftatbeständen des Besonderen Teils

Einige Regelungen des Allgemeinen Teils konkretisieren oder ergänzen nicht nur die im Besonderen Teil geregelten Voraussetzungen eines Straftatbestands, sondern modifizieren sie. In diesen Fällen ist schon im Obersatz eine Norm aus dem Allgemeinen Teil zu zitieren.

I. Versuch, §§ 22 ff. StGB

Aus dem Obersatz der Prüfung eines versuchten Delikts muss sich ergeben, dass der Versuch des Delikts strafbar ist, und welche Voraussetzungen für einen Versuch zu prüfen sind. Dass der Versuch strafbar ist, ergibt sich bei Vergehen i.S.d. § 12 Abs. 2 StGB aus der Regelung im Besonderen Teil (z.B. § 223 Abs. 2 StGB). Bei Verbrechen i.S.d. § 12 Abs. 1 StGB ergibt sich die Versuchsstrafbarkeit aus § 23 Abs. 1 StGB. Die Voraussetzungen für eine Versuchsstrafbarkeit ergeben sich aus § 22 StGB und dem jeweiligen Straftatbestand. Bei der versuchten Körperverletzung sind daher die §§ 223 Abs. 1, Abs. 2, 22 StGB zu zitieren, beim versuchten Totschlag die §§ 212 Abs. 1, 23 Abs. 1, 12 Abs. 1, 22 StGB.

Wie sonst auch ist die Handlung zu nennen, mit welcher der Täter sich strafbar gemacht haben könnte. Dies gilt auch dann, wenn der Täter mit der bereits vorgenommen Handlung noch nicht den Tatbestand verwirklichen wollte.

Beispiel: Wenn der Täter beim Opfer klingelt, um es zu schlagen, wenn es die Tür aufmacht, ist zu prüfen, ob der Täter sich wegen versuchter Körperverletzung strafbar gemacht hat, indem er beim Opfer geklingelt hat.

1. Tatbestand

a) Tatentschluss

Der Täter muss sich nach der gesetzlichen Formulierung des § 22 StGB die **Tat vorstellen**. Die Anforderungen an diese Vorstellung entsprechen denen zum Vorsatz beim vollendeten Delikt. Der Täter muss also die objektiven Umstände des jeweiligen Delikts zumindest ernsthaft für möglich halten und sich mit ihnen abfinden.

Darüber hinaus muss er entschlossen sein, die Handlung vorzunehmen, mit der er sich vorstellt, den Tatbestand zu verwirklichen. Aus diesem Grund heißt es meist, der Täter müsse Tatentschluss haben (statt sich die Tat vorstellen).

Beispiel: Der Täter, der beim Opfer klingelt, muss entschlossen sein, dass Opfer zu schlagen, wenn es die Tür aufmacht. Wenn er es sich bis dahin nochmal überlegen will, kann er sich durch das Klingeln nicht wegen versuchter Körperverletzung strafbar machen.

Setzt das Delikt des Besonderen Teils besondere Vorstellungen oder Motivationen des Täters voraus (z.B. die subjektiven Mordmerkmale bei § 211 StGB), sind auch diese im Tatentschluss zu prüfen.

Häufig wird empfohlen, vor dem Tatbestand des versuchten Delikts zu prüfen, ob der Täter das Delikt vollendet hat und ob der Versuch strafbar ist (Vorprüfung). Jedoch schließt eine vollendete Tat die versuchte Tat auf Konkurrenzebene aus. Dieses Konkurrenzverhältnis wird allerdings auch bei anderen Tatbeständen üblicherweise nicht vor dem Tatbestand thematisiert. Die Strafbarkeit des Versuchs ergibt sich in der Regel aus den im Obersatz zitierten Normen. Nur wo dies nicht der Fall ist, muss sie näher geprüft werden.

b) Unmittelbares Ansetzen

Der Täter **setzt** jedenfalls mit der Handlung **unmittelbar an**, mit der er sich vorstellt, den Tatbestand zu verwirklichen. Hat er diese Handlung noch nicht vorgenommen, setzt er unmittelbar an, wenn er sie unmittelbar nach seiner bisherigen Handlung vornehmen will. Dies ist der Fall, wenn bis dahin wenig Zeit vergehen soll, wenig Zwischenschritte erforderlich sind und keine wesentliche Ortsveränderung erforderlich ist.

Beispiel: Der Täter, der das Opfer mit seinem Schlag verfehlt, hat unmittelbar zur Körperverletzung angesetzt, weil er den Schlag schon ausgeführt hat. Derjenige, der bisher lediglich beim Opfer geklingelt hat, hat unmittelbar angesetzt, wenn er sich dabei vorgestellt hat, das Opfer würde innerhalb kurzer Zeit die Tür öffnen und er müsse dann an Ort und Stelle nur noch zuschlagen. Hat er hingegen an der Haustür eines Mehrfamilienhauses geklingelt und ist davon ausgegangen, das Opfer erst noch im zehnten Stock aufsuchen zu müssen, hat er noch nicht unmittelbar angesetzt.

Selbst wenn der Täter seiner Vorstellung nach bereits alles getan hat, was zur Verwirklichung des Tatbestands erforderlich ist, kann das unmittelbare Ansetzen nach h.M. zu verneinen sein.

Beispiel: Der Täter hat am Auto des Opfers eine Bombe montiert, die explodieren soll, sobald das Opfer den Wagen startet. Stellt der Täter sich vor, dass bis dahin noch einige Zeit vergeht, kann das unmittelbare Ansetzen zum Totschlag zu verneinen sein. Erforderlich ist nach der Ansicht einiger Autoren, dass das Opfer konkret gefährdet erscheint, sich also in diesem Fall jedenfalls dem Auto nähert. Andere lassen es ausreichen, wenn der Täter das Geschehen aus der Hand gibt. In diesem Fall hätte der Täter unmittelbar angesetzt, sobald er die Bombe montiert und sich entfernt hätte.

2. Rechtswidrigkeit

Bei der versuchten Tat sind die Rechtfertigungsgründe wie sonst auch zu prüfen. Ergibt sich dabei, dass die Tat objektiv gerechtfertigt ist, dem Täter aber das subjektive Rechtfertigungselement fehlt, ist er nach allgemeiner Ansicht wegen der versuchten Tat strafbar. Handelt der Täter im Erlaubnistatbestandsirrtum, kommt nach der herrschenden eingeschränkten Schuldtheorie nur eine Strafbarkeit wegen einer fahrlässigen Tat, also nicht wegen eines versuchten Delikts in Betracht. Nach der strengen Schuldtheorie hingegen müsste der Täter wegen eines Versuchsdelikts strafbar sein, wenn er den Irrtum hätte vermeiden können.

3. Schuld

Bei der Schuld ergeben sich keine Besonderheiten.

4. Rücktritt, § 24 Abs. 1 StGB

Der Täter wird nicht bestraft, wenn er gemäß § 24 Abs. 1 StGB vom Versuch zurücktritt.

a) Vom unbeendeten Versuch, § 24 Abs. 1 S. 1 Alt. 1 StGB

aa) Der Täter muss die **weitere Ausführung der Tat aufgeben**. Dies setzt voraus, dass der Täter sich vorstellt, noch nicht alles für die Tatbestandsverwirklichung Erforderliche getan zu haben (unbeendeter Versuch), dies aber noch tun zu können (kein Fehlschlag). Er gibt die weitere Ausführung auf, wenn er die Handlung unterlässt, mit der er seiner Vorstellung nach die Tat vollenden würde.

Beispiel: Hat der Täter geklingelt, um das Opfer zu schlagen, sobald es die Tür öffnet, kann er zurücktreten, indem er doch nicht zuschlägt, sobald das Opfer die Tür öffnet. Meint der Täter, dass das Opfer die Tür nicht öffnen wird und er es daher nicht schlagen kann, ist sein Versuch fehlgeschlagen.

Von einigen wird empfohlen, vor den Merkmalen des § 24 Abs. 1 StGB zu prüfen, ob der Versuch fehlgeschlagen und unbeendet oder beendet ist. Jedoch können diese Kriterien wegen Art. 103 Abs. 2 GG nur relevant sein, wenn sie aus den gesetzlichen Merkmalen folgen. Daher sollten sie auch bei den gesetzlichen Merkmalen geprüft werden.

Nach einem anderen Ansatz fehlt es in solchen Fällen an der Freiwilligkeit. Diese sei nicht nur ausgeschlossen, wenn der Täter ein (vermeintlich) erhöhtes Risiko nicht mehr hinnehmen wolle. Der Täter trete auch dann nicht freiwillig zurück, wenn er das Risiko nicht hinnehmen wolle, weil die Tat aus seiner Sicht sinnlos geworden sei.

Nach h.L. handelt es sich auch dann um einen fehlgeschlagenen Versuch, wenn der Täter meint, zwar die Tat begehen, sein eigentliches Ziel aber nicht mehr erreichen zu können. Die Rspr. hält dies für irrelevant, weil der Täter die Tat, nicht aber sein eigentliches Ziel aufgeben müsse.

Beispiel: Nachdem der Täter geklingelt hat, öffnet ihm nicht das vorgesehene Opfer, sondern dessen Ehefrau, die ihm sagt, dass ihr Mann nicht zu Hause ist. Er erkennt, dass er diese schlagen und so den Tatbestand der Körperverletzung verwirklichen kann. Die Rspr. würde daher einen Rücktritt annehmen, wenn der Täter nicht zuschlägt. Wenn er dies für sinnlos hält, würde die h.L. einen Fehlschlag annehmen.

Problematisch kann sein, was unter dem Begriff Tat i.S.d. § 24 Abs. 1 S. 1 Alt. 1 StGB zu verstehen ist.

Beispiel: Hat der Täter bereits einmal daneben geschlagen, könnte nur die Körperverletzung durch den ersten Schlag als Tat anzusehen sein. Als der Täter zuschlug, stellte er sich vor, damit schon alles für die Tatbestandsverwirklichung Erforderliche zu tun. Wäre seine Vorstellung zu diesem Zeitpunkt entscheidend, würde es sich also nicht um einen unbeendeten Versuch handeln. Nach dem Schlag stellte er sich nicht vor, mit diesem den Tatbestand verwirklichen zu können. Wäre seine Vorstellung zu diesem Zeitpunkt maßgeblich, würde es sich also um einen fehlgeschlagenen Versuch handeln.

Würde der Täter direkt nochmal nach dem Opfer schlagen, würde er nur eine versuchte Körperverletzung durch beide Schläge begehen (iterative Tatbestandsverwirklichung). Die h.M. geht daher davon aus, dass auch weitere Schläge noch zur Tat i.S.d. § 24 Abs. 1 S. 1 Alt. 1 StGB gehören. Ob der Versuch unbeendet und nicht fehlgeschlagen ist, sei nach der Vorstellung des Täters nach der schon vorgenommenen Handlung zu beurteilen (sog. Rücktrittshorizont). Geht der Täter nach dem ersten Schlag davon aus, das Opfer noch nicht getroffen zu haben, es aber noch treffen zu können, handelt es sich um einen unbeendeten, nicht fehlgeschlagenen Versuch. Wenn der Täter es in dieser Vorstellung unterlässt, nochmal zuzuschlagen, gibt er also die weitere Ausführung der Tat auf.

bb) Der Täter muss die weitere Tatausführung **freiwillig** aufgeben. An der Freiwilligkeit fehlt es, wenn er meint, das mit der Tat verbundene Risiko habe sich so erhöht, dass er es nicht mehr hinnehmen will (heteronome im Gegensatz zu autonomen Motiven).

Beispiel: Neben dem Opfer, das der Täter schlagen will, taucht auf einmal dessen Freund auf. Der Täter erkennt, dass er das Opfer schlagen und so eine Körperverletzung verwirklichen kann. Will er das Risiko, dann selbst verletzt zu werden, jedoch nicht mehr in Kauf nehmen, und schlägt daher nicht zu, gibt er die Tatausführung nicht freiwillig auf.

b) Vom beendeten Versuch

Stellt der Täter sich vor, bereits alles für die Tatbestandsverwirklichung Erforderliche getan zu haben (beendeter Versuch), muss er **freiwillig die Vollendung verhindern** (§ 24 Abs. 1 S. 1 Alt. 2 StGB) oder sich jedenfalls **freiwillig und ernsthaft** hierum **bemühen** (§ 24 Abs. 1 S. 2 StGB).

Der Täter verhindert die Vollendung, wenn er mit einer Handlung verursacht, dass der Tatbestand nicht verwirklicht wird. Eine Ansicht verlangt, dass der Täter sich auch für einen Rücktritt nach § 24 Abs. 1 S. 1 Alt. 2 StGB ernsthaft um die Vollendungsverhinderung bemühen muss. Tue er dies nicht, halte er es nämlich für möglich, zuverlässige Maßnahmen zu unterlassen. Die h.M. verlangt kein ernsthaftes Bemühen, weil davon in § 24 Abs. 1 S. 1 Alt. 2 StGB, im Gegensatz zu § 24 Abs. 1 S. 2 StGB, nicht die Rede sei.

Beispiel: Der Täter hat das Opfer mit Tötungsvorsatz angeschossen und erkennt, dass es zu verbluten droht. Er ruft den Notruf. Gibt er dabei nicht seinen genauen Standort an und hält es für möglich, dass der Notarzt deshalb zu spät eintrifft, tritt er nach h.M. trotzdem zurück, wenn es dem Notarzt gelingt, das Opfer zu retten. Die a.A. verweist darauf, dass der Täter dann bedingten Vorsatz hat, eine zuverlässige Rettung nach Angabe des genauen Standorts zu unterlassen. Dies würde ausreichen, um ein versuchtes

Unterlassungsdelikt zu begründen und könne daher nicht die Strafbarkeit wegen des Begehungsdelikts ausschließen.

5. Strafmilderung oder Absehen von Strafe, § 23 Abs. 3 StGB

a) Kann der Versuch wegen der Art des Gegenstandes an dem, oder dem Mittel, mit dem der Täter die Tat begeht, nicht zur Vollendung führen, spricht man auch vom untauglichen Versuch.

b) Der Täter muss dies **aus grobem Unverstand verkennen**.

II. Begehen durch Unterlassen, § 13 StGB

Lässt ein Tatbestand des Besonderen Teils es ausreichen, dass der Täter etwas unterlassen hat (z.B. §§ 221 Abs. 1 Nr. 2, 323 c Abs. 1 StGB), spricht man vom echten Unterlassungsdelikt. Die Regelung des § 13 Abs. 1 StGB führt hingegen dazu, dass der Täter einen Straftatbestand, der eine Handlung verlangt, auch durch Unterlassen verwirklichen kann. Wird ein solches unechtes Unterlassungsdelikt geprüft, ist im Obersatz neben dem Delikt des Besonderen Teils § 13 Abs. 1 StGB zu zitieren. Als tatsächliches Verhalten ist anzugeben, was der Täter nicht gemacht hat (z.B. „Der Täter könnte sich wegen versuchten Totschlags durch Unterlassen gemäß §§ 212 Abs. 1, 13 Abs. 1 StGB strafbar gemacht haben, indem er keine Hilfe geholt hat").

1. Tatbestand

Aus der Regelung des § 13 Abs. 1 StGB ergibt sich ein veränderter Aufbau des objektiven Tatbestandes. Für den subjektiven Tatbestand ergeben sich keine Besonderheiten. Der Vorsatz muss sich wie üblich auf sämtliche objektiven Tatbestandsmerkmale und damit auch auf die Umstände beziehen, die eine Garantenpflicht begründen.

a) Ein **Erfolg, der zum Tatbestand eines Strafgesetzes gehört**, muss eintreten.

b) Der Täter muss es **unterlassen, den Erfolg abzuwenden**. Dies ist der Fall, wenn der Täter mit seiner im Obersatz genannten Handlung den Erfolg abwenden würde. Es handelt sich hierbei also um nichts anderes als um die Verursachung des Erfolgs durch das Unterlassen.

c) Der Täter muss **rechtlich dafür einzustehen haben, dass der Erfolg nicht eintritt.** Er muss also als Garant verpflichtet sein, die unterlassene Handlung vorzunehmen. Dass er die Handlung nicht vornimmt und so seine Garantenpflicht verletzt, muss sich im Erfolg realisieren. Diese Voraussetzungen entsprechen strukturell denen der objektiven Zurechnung. Wenn der Täter seine Garantenpflicht verletzt, schafft er ein rechtlich missbilligtes Risiko, das sich im Erfolg realisieren muss. Im Unterschied zur objektiven Zurechnung reicht es jedoch nicht aus, wenn der Täter mit seinem Unterlassen irgendeine Pflicht verletzt. Es muss sich um eine besondere Pflicht handeln. Eine allgemeine Pflicht wie sie z.B. in § 323 c Abs. 1 StGB geregelt ist, ist keine Garantenpflicht.

> Weil die objektive Fahrlässigkeit i.S.d. §§ 222, 229 StGB der objektiven Zurechnung entspricht, hat sie keine eigenständige Bedeutung, wenn diese Delikte durch Unterlassen begangen werden. Sie sollte nach dieser Voraussetzung kurz festgestellt werden.

aa) Garantenpflichten können sich daraus ergeben, dass der Täter andere Personen beschützen (Beschützergarantenpflichten) oder dass er Gefahrenquellen überwachen muss (Überwachergarantenpflichten).

(1) Eine Garantenpflicht kann sich zunächst aus familienrechtlichen Vorschriften ergeben. Eltern müssen für ihre minderjährigen Kinder sorgen (§ 1626 Abs. 1 BGB). Auch ansonsten müssen Eltern und Kinder einander beistehen (§ 1618 a BGB). Ehegatten tragen füreinander Verantwortung, wenn die Ehe nicht gescheitert ist (§ 1353 Abs. 1 S. 2 BGB). Bei der Frage, zu welchen Handlungen Familienangehörige verpflichtet sind, kommt es insbesondere auf den

> In vielen Fällen lassen sich Garantenpflichten nicht eindeutig als Beschützer- oder Überwachergarantenpflichten einordnen. In einer Klausur muss nicht erwähnt werden, um was für eine Art von Garantenpflicht es sich handelt. Viel wichtiger ist es, anhand des Einzelfalles zu argumentieren, zu welcher Handlung der Täter als Garant verpflichtet war.

Willen der zu beschützenden Person an. Dies gilt selbst dann, wenn das Opfer sich selbst töten will.

Beispiel: Will sich die Ehefrau eigenverantwortlich die Pulsadern aufschneiden, muss ihr Mann sie nicht davon abhalten. Nach bisheriger Rspr. des BGH muss er jedoch Hilfe holen, sobald seine Frau bewusstlos ist. Nachdem die Literatur diese Auffassung schon länger kritisiert hat, stellt in letzter Zeit auch die Rspr. sie in Frage.

Auch Eltern müssen ihre minderjährigen Kinder nicht vor sämtlichen Gefahren schützen.

Beispiel: Will ein Kleinkind auf einem Gerüst für Kleinkinder klettern, müssen Eltern es nicht davon abhalten. Will es auf die Straße laufen, müssen die Eltern es aufhalten.

(2) Amtsträger können als Garanten verpflichtet sein, andere Personen zu beschützen.

Beispiel: Polizisten sind nach den für sie geltenden landes- oder bundesrechtlichen Regeln verpflichtet, Gefahren für die öffentliche Sicherheit und Ordnung abzuwenden. Nach diesen Regeln kann ein Polizist als Garant verpflichtet sein, während seines Dienstes zu verhindern, dass ein Passant zusammengeschlagen wird.

(3) Beherrscht der Täter eine Gefahrenquelle, muss er die notwendigen Vorkehrungen schaffen, damit andere Personen nicht geschädigt werden (Verkehrssicherungspflicht).

Beispiel: Geht der Täter mit seinem bissigen Hund spazieren, muss er ihn an der Leine führen.

(4) Hat der Täter pflichtwidrig eine Gefahr geschaffen, muss er dafür sorgen, dass sie sich nicht realisiert (Ingerenz).

Beispiel: Hat der bissige Hund ein Kind verletzt, weil der Täter ihn nicht an der Leine geführt hat, muss der Täter dem Kind als Garant helfen.

Auch kann jemand als Garant zu einer Handlung verpflichtet sein, der es übernommen hat, eine Person zu beschützen oder eine Gefahrenquelle zu überwachen.

Beispiel: Hat der Täter sich bereit erklärt, auf den Hund seiner Nachbarn aufzupassen, muss er dafür sorgen, dass er keine Menschen beißt. Passt der Täter auf die Kinder des Nachbarn auf, muss er sie beschützen.

Der Pflichtwidrigkeitszusammenhang spielt beim Unterlassungsdelikt hingegen keine Rolle. Als rechtmäßiges Verhalten kommt nur die Vornahme der gebotenen Handlung in Betracht. Hat der Täter es unterlassen, mit dieser Handlung den Erfolg abzuwenden, steht fest, dass der Erfolg bei dem einzigen rechtmäßigen Verhalten nicht eingetreten wäre.

bb) Die Verletzung der Garantenpflicht realisiert sich im Erfolg, wenn die Garantenpflicht gerade solche Erfolgsverursachungen wie im konkreten Fall verhindern soll (Schutzzweckzusammenhang).

Beispiel: Der Hundehalter hat seinen bissigen Hund nicht angeleint und der Hund hat daher einen Passanten gebissen. Dieser begibt sich ins Krankenhaus und wird dort Opfer eines Amoklaufs. Der Täter hat nicht nur die Abwendung der Körperverletzung unterlassen, indem er seinen Hund nicht angeleint hat, sondern auch die Abwendung des Todes. Hätte er seinen Hund angeleint, hätte der Passant sich nicht zum Krankenhaus begeben und wäre dort nicht gestorben. Die Pflicht, seinen bissigen Hund anzuleinen, dient zwar dazu, Bisswunden zu vermeiden. Sie soll jedoch nicht den Tod infolge eines Amoklaufs verhindern.

d) Ob das **Unterlassen der Verwirklichung des gesetzlichen Tatbestandes durch ein Tun entspricht** (Modalitätenäquivalenz), ist nicht zu prüfen, wenn der Tatbestand des Besonderen Teils es ausreichen lässt, dass der Täter den Erfolg durch eine beliebige rechtlich missbilligte Handlung verursacht. Nur bei Delikten, die eine näher bestimmte Handlung des Täters verlangen, spielt diese Voraussetzung eine Rolle.

Beispiel: Der Täter wohnt in einem Mehrfamilienhaus. Er bemerkt, wie aus seinem Herd Gas austritt. Da er selbst lebensmüde ist, unternimmt er nichts dagegen. Es kommt zu einer Explosion, bei der ein anderer Hausbewohner stirbt. Im Rahmen des Totschlags durch Unterlassen (§§ 212 Abs. 1, 13 Abs. 1 StGB) ist die Modalitätenäquivalenz nicht zu prüfen. Der Täter könnte sich jedoch auch wegen eines Mordes durch Unterlassen strafbar gemacht haben, wenn er das Opfer (durch Unterlassen) mit gemeingefährlichen Mitteln getötet hat. Der BGH hat entschieden, dass die Nichtverhinderung einer gemeingefährlichen Situation nicht der aktiven Tötung mit gemeingefährlichen Mittel entspreche und hat daher einen Mord durch Unterlassen abgelehnt. In der Literatur wird dies teilweise anders angesehen. Solche Probleme resultieren daraus, dass das Gesetz nicht ausführt, wann das Unterlassen der Tatbestandsverwirklichung durch ein Tun entspricht.

2. Rechtswidrigkeit

Im Rahmen der Rechtswidrigkeit sind einige Besonderheiten zu beachten.

a) Aus **§ 34 StGB** ergibt sich, dass der Täter eine tatbestandliche Handlung vornehmen darf, wenn er damit eine gegenwärtige Gefahr abwendet, das geschützte Interesse das beeinträchtigte wesentlich überwiegt und die Tat ein angemessenes Mittel ist, um die Gefahr abzuwenden. Liegen diese Voraussetzungen nicht vor, muss und darf er die Handlung unterlassen, selbst wenn er damit den Tatbestand eines Unterlassungsdelikts verwirklicht.

Beispiel: Ein Dritter droht dem Täter, dessen Sohn zu schlagen, wenn er das Opfer nicht schlägt. Deshalb schlägt der Täter das Opfer. Die Körperverletzung ist schon deshalb nicht gemäß § 34 StGB durch Notstand gerechtfertigt, weil das Interesse des Sohnes an der körperlichen Unversehrtheit das entsprechende Interesse des Opfers nicht wesentlich überwiegt. Der Täter durfte das Opfer also nicht schlagen.

Hätte er nicht zugeschlagen und der Dritte deshalb seinen Sohn geschlagen, hätte der Täter den Tatbestand der Körperverletzung durch Unterlassen verwirklicht. Dies hätte er jedoch gedurft, wie sich im Umkehrschluss aus § 34 StGB ergibt.

b) Muss der Täter zwei gleichwertige Handlungspflichten erfüllen, von denen er aber nur eine erfüllen kann, handelt er nicht rechtswidrig, wenn er eine erfüllt **(rechtfertigende Pflichtenkollision)**.

Beispiel: Der Vater sieht, wie seine beiden Söhne, die noch nicht schwimmen können, zu ertrinken drohen. Es gelingt ihm nur einen von beiden zu retten. Der Vater hat den Tatbestand des Totschlags durch Unterlassen verwirklicht, indem er einen Sohn nicht rettete. Er ist jedoch aufgrund einer Pflichtenkollision gerechtfertigt, weil er den anderen Sohn gerettet hat.

3. Schuld

Bei der Schuld ergeben sich keine Besonderheiten.

III. Mittelbare Täterschaft, § 25 Abs. 1 Alt. 2 StGB

Die mittelbare Täterschaft spielt bei Fahrlässigkeitsdelikten keine Rolle. Bei Vorsatzdelikten ist im Obersatz § 25 Abs. 1 Alt. 2 StGB neben dem Delikt des Besonderen Teils zu zitieren. Danach ist Täter, wer die Tat **durch einen anderen begeht**. Mit dieser Formulierung wird die Tathandlung modifiziert. Wird geprüft, ob der Täter einen Totschlag in mittelbarer Täterschaft begangen hat, ist also im objektiven Tatbestand danach zu fragen, ob er „durch einen anderen einen Menschen getötet" hat. Im Übrigen ergeben sich bei der Prüfung keine Besonderheiten.

Zunächst ist erforderlich, dass der Täter den Erfolg durch eine Handlung verursacht. Die Begehung „durch einen anderen" ist eine besondere Art der Verursachung. Dabei verursacht nach dem Täter noch ein Vordermann den Erfolg mit einer Handlung. Durch diesen anderen handelt der Täter nur, wenn der Vordermann aufgrund bestimmter Umstände als Tatmittler des Täters anzusehen ist.

Wann jemand als Tatmittler anzusehen ist, ist umstritten. Die h.M. nimmt dies an, wenn er für den Erfolg strafrechtlich nicht voll verantwortlich ist und der Strafbarkeitsmangel beim Hintermann nicht vorliegt. Eine andere Ansicht sieht es als entscheidend an, ob der Vordermann (im Gegensatz zum Hinter-

Von einigen wird die Unzumutbarkeit normgemäßen Verhaltens als besonderer Entschuldigungsgrund anzusehen. In den diskutierten Fällen fehlt es jedoch mangels Garantenpflicht schon am Tatbestand oder an der Rechtswidrigkeit.

Ob der Vordermann strafrechtlich voll verantwortlich ist, sollte in einer Klausur bei der Strafbarkeit des Vordermanns geprüft werden, wenn danach gefragt wird. Erst danach sollte die Strafbarkeit des Hintermanns erörtert werden, weil die Prüfung dann übersichtlicher ist.

mann) einem Willensmangel unterliegt. Häufig gelangen beide Ansätze zu denselben Ergebnissen.

Beispiel: Der Täter gibt dem Vordermann eine angeblich ungeladene Pistole und sagt, er solle auf das Opfer zielen und abdrücken. Ist die Pistole geladen und erschießt der Vordermann daher das Opfer, begeht er zwar objektiv einen Totschlag (§ 212 Abs. 1 StGB). Er handelt jedoch nicht vorsätzlich und ist daher nur wegen fahrlässiger Tötung (§ 222 StGB) strafbar. Mangels voller strafrechtlicher Verantwortung ist er daher nach h.M. Tatmittler des Täters. Nach dem anderen Ansatz wäre darauf abzustellen, dass der Vordermann einem Willensmangel unterlag, weil er nicht wusste, dass die Pistole geladen war.

Es kann auch sein, dass die Ansätze zu unterschiedlichen Ergebnissen gelangen.

Beispiel: Der Hintermann droht dem Vordermann, dessen wertvolle Uhr zu zerstören, wenn dieser das Opfer nicht erschießt. Der Vordermann erschießt das Opfer. Der Totschlag des Vordermanns ist weder nach § 34 StGB gerechtfertigt noch gemäß § 35 StGB entschuldigt und daher strafbar. Die h.M. würde ihn daher nicht als Tatmittler des Hintermanns ansehen. Der Hintermann sei daher nicht wegen Totschlags in mittelbarer Täterschaft, sondern lediglich wegen Anstiftung zum Totschlag strafbar. Nach a.A. besteht beim Vordermann ein Willensmangel, so dass der Hintermann sich wegen Totschlags in mittelbarer Täterschaft strafbar macht.

Schädigt der Vordermann sich selbst, ist er für die Verursachung des Erfolgs strafrechtlich niemals verantwortlich. In solchen Fällen ist der Ansatz der a.A., nach der es auf den Willensmangel ankommt, wie gewohnt zu prüfen. Im Ergebnis ist der Vordermann dann als Werkzeug zu betrachten, wenn auch eine Einwilligung in die Handlung des Täters nicht wirksam wäre. Die h.M. modifiziert in solchen Fällen ihren Ansatz. Entscheidend sei dann, ob der Vordermann strafrechtlich voll verantwortlich wäre, wenn er nicht sich selbst, sondern einen anderen schädigen würde.

Beispiel: Der Hintermann täuscht den Vordermann darüber, dass dessen Ehefrau fremdgegangen sei. Wie vom Hintermann vorausgesehen, bringt sich der Vordermann um. Die a.A. könnte einen Willensmangel des Vordermanns und daher mittelbare Täterschaft bejahen. Die h.M. würde danach fragen, ob der Vordermann strafrechtlich voll verantwortlich wäre, wenn er nicht sich selbst, sondern einen anderen (z.B seine Ehefrau) aufgrund seines Irrtums getötet hätte. Da dies nicht der Fall wäre, müssten Sie einen Totschlag in mittelbarer Täterschaft ablehnen. Der Hintermann wäre dann straflos. In vergleichbaren Konstellationen hat der BGH jedoch eine mittelbare Täterschaft bejaht.

IV. Mittäterschaft, § 25 Abs. 2 StGB

Bei einer mittäterschaftlichen Verwirklichung ist im Obersatz § 25 Abs. 2 StGB neben dem Delikt des Besonderen Teils zu zitieren. Täter ist, wer die Tat mit einem anderen **gemeinschaftlich begeht**. Durch diese Formulierung werden die Anforderung an die Tathandlung modifiziert. Beim mittäterschaftlichen Totschlag wird also beispielsweise im objektiven Tatbestand geprüft, ob der Täter das Opfer „mit einem anderen gemeinschaftlich getötet" hat. Im Übrigen ergeben sich bei der Prüfung keine Besonderheiten.

Führt der Täter die Tathandlung selbst aus, muss bei ihm nicht geprüft werden, ob ein anderer als Mittäter daran beteiligt ist. Von Bedeutung ist § 25 Abs. 2 StGB nur für den, der die Tathandlung nicht selbst vornimmt. Diesem kann die Tathandlung eines anderen Täters zugerechnet werden. Gemeinschaftlich mit dem anderen Täter handelt der Mittäter, wenn er auf der Grundlage eines gemeinsamen Tatplans einen Tatbeitrag erbringt, der für die Annahme von Mittäterschaft ausreicht.

1. Für einen gemeinsamen Tatplan müssen die Mittäter die Tathandlung verabreden. Hält sich der eine nicht an die Verabredung, kann dessen Tat dem anderen nicht zugerechnet werden.

Ob ein anderer Täter die Tathandlung durchgeführt hat, sollte in einer Klausur vorab bei der Strafbarkeit des anderen erörtert werden, wenn danach gefragt wird. Nehmen mehrere Personen die gleichen Handlungen vor, kann ihre Strafbarkeit auch zusammen geprüft werden.

Beispiel: Während A das Opfer festhält, schlägt B wie verabredet auf das Opfer ein. In diesem Fall sind A und B wegen mittäterschaftlicher Körperverletzung strafbar. Weicht B von der Verabredung ab und ersticht das Opfer, ist er wegen Totschlags strafbar. Mangels gemeinsamen Tatplans ist A keines mittäterschaftlichen Totschlags schuldig.

Die h.M. geht davon aus, dass eine fahrlässige Mittäterschaft nicht möglich sei, weil es in solchen Fällen am gemeinsamen Tatplan fehle.

2. Zur Frage, wann ein Tatbeitrag ausreicht, um Mittäterschaft zu begründen, werden unterschiedliche Ansätze vertreten. Die h.L. sieht nur den als Mittäter an, der aufgrund seines wesentlichen Tatbeitrags Tatherrschaft hat (Tatherrschaftslehre). Die Rspr. hingegen verlangt, dass er mit Täterwillen handelt. Der Täterwille soll anhand verschiedener Kriterien wie dem Interesse an der Tat und der Wesentlichkeit des Tatbeitrags festzustellen sein. Da ein hohes Interesse an der Tat auch nach der Rspr. nicht ausreicht, um Mittäterschaft zu begründen, gelangen Rspr. und h.L. in der Regel zu denselben Ergebnissen.

Beispiel: Hält A das Opfer fest, während B zuschlägt, erbringt A einen derart wesentlichen Tatbeitrag, dass A sich sowohl nach h.L. als auch nach der Rspr. wegen mittäterschaftlicher Körperverletzung strafbar machen dürfte, auch wenn er kein hohes Interesse daran hat, dass das Opfer geschlagen wird.

Erbringt ein Beteiligter seinen Beitrag bevor die anderen die Tat ausführen, kann auch er nach h.L. und Rspr. Mittäter sein. Nach einer a.A. muss jeder Mittäter in der Ausführungsphase einen Beitrag leisten (enge Tatherrschaftslehre). Sie argumentiert, dass jemand, der seinen Beitrag nicht während der Tat leiste, die Tat nicht mitbeherrschen könne. Die h.M. hält dem entgegen, dass ein Mittäter bei arbeitsteiligem Vorgehen immer die unmittelbare Herrschaft über das Geschehen aufgeben müsse.

Beispiel: C hat A und B nicht nur beauftragt, das Opfer zu schlagen. Er hat auch ausgekundschaftet, wann ein günstiger Moment hierfür ist und A und B erzählt, wie sie am besten arbeitsteilig vorgehen. Als A wie verabredet das Opfer festhält und B es schlägt, ist C jedoch nicht mal am Tatort. Die enge Tatherrschaftslehre würde den Beitrag des C nicht ausreichen lassen, um Mittäterschaft zu bejahen. Die h.M würde Mittäterschaft annehmen.

V. Anstiftung, § 26 StGB

Bei der Prüfung einer Anstiftung zu einem bestimmten Delikt, ist im Obersatz neben dem Delikt des Besonderen Teils § 26 StGB zu zitieren. Besonderheiten ergeben sich im objektiven und subjektiven Tatbestand, nicht aber bei der Rechtswidrigkeit und der Schuld.

1. Objektiver Tatbestand

a) Eine **anderer** muss eine **vorsätzliche, rechtswidrige Tat** begangen haben. Um eine solche handelt es sich auch bei erfolgsqualifizierten Delikten wie z.B. der Körperverletzung mit Todesfolge (§ 11 Abs. 2 StGB).

In einer Klausur sollte die Tat des anderen vorab geprüft werden, wenn danach gefragt wird („Täter vor Teilnehmer").

Gemäß § 28 Abs. 2 StGB gelten besondere persönliche Merkmale, welche die Strafe schärfen, nur für den Beteiligten, bei dem sie vorliegen. Um besondere persönliche Merkmale handelt es sich bei den in § 211 StGB genannten niedrigen Beweggründen. Diese Norm kann nach h.L. insbesondere bei einer Anstiftung zu Totschlag oder Mord relevant werden. Begeht der Täter ein solches Delikt, ist es danach für den Anstifter irrelevant, ob der Täter das Opfer aus einem niedrigen Beweggrund tötet. Hat der Anstifter selbst aus einem niedrigen Beweggrund gehandelt, kann dies eine Anstiftung zum Mord begründen.

Beispiel: Der Täter tötet das Opfer aus Habgier und begeht daher einen Mord. Hat der Anstifter den Täter weder aus Habgier noch aus einem anderen niedrigen Beweggrund hierzu bestimmt, ist er nicht wegen Anstiftung zum Mord, sondern lediglich wegen Anstiftung zum Totschlag strafbar.

Tötet der Täter das Opfer nicht aus einem niedrigen Beweggrund, hat der Anstifter ihn aber zur Verdeckung einer Straftat hierzu bestimmt, begeht der Täter einen Totschlag und der Anstifter eine Anstiftung zum Mord.

Keine Rolle spielt § 28 Abs. 2 StGB, wenn der Täter einen Mord begeht, weil er heimtückisch, grausam oder mit gemeingefährlichen Mitteln tötet und der Anstifter diesbezüglich vorsätzlich gehandelt hat. Da es sich bei diesen Mordmerkmalen nicht um besondere persönliche Merkmale handelt, gelten sie auch für den Anstifter, wenn er den Täter hierzu vorsätzlich bestimmt hat (sie sind akzessorisch).

Die Ansicht der Rspr., die Mordmerkmale schärften nicht die Strafe im Vergleich zum Totschlag (und daher sei der Mord keine Qualifikation zum Totschlag), erscheint nicht vertretbar. Auch der BGH hat mittlerweile durchblicken lassen, dass er diese Auffassung demnächst aufgeben könnte. Noch hält er aber an ihr fest.

Nach der Rspr. hingegen schärfen Mordmerkmale nicht die Strafe i.S.d. § 28 Abs. 2 StGB, sondern begründen sie i.S.d. § 28 Abs. 1 StGB. Eine Anstiftung zum Mord kommt danach nur in Betracht, wenn der Täter einen Mord begeht. Ob der Anstifter selbst aus niedrigen Beweggründen handelt, müsste danach irrelevant sein.

Beispiel: Tötet der Täter das Opfer aus Habgier und begeht daher einen Mord, ist der Anstifter wegen Anstiftung zum Mord strafbar, wenn er den Täter vorsätzlich zu dessen Tat bestimmt hat. Hat der Anstifter nicht aus einem niedrigen Beweggrund gehandelt, ist seine Strafe nach der Rspr. gemäß § 28 Abs. 1 StGB zu mildern. Begeht der Täter hingegen nur einen Totschlag, kann der Anstifter nicht wegen Anstiftung zum Mord bestraft werden, selbst wenn er aus einem niedrigen Beweggrund gehandelt hat.

Die Milderung gemäß § 28 Abs. 1 StGB soll nach der Rspr. ausgeschlossen sein, wenn der Täter und der Anstifter aus unterschiedlichen niedrigen Beweggründen handeln (gekreuzte Mordmerkmale).

Beispiel: Tötet der Täter das Opfer aus Mordlust, weil er vom Anstifter vorsätzlich aus Habgier dazu bestimmt wurde, ist der Täter wegen Mordes und der Anstifter wegen Anstiftung zum Mord strafbar. Auch nach der Rspr. ist die Strafe des Anstifters nicht gemäß § 28 Abs. 1 StGB zu mildern.

Wie der Täter verursacht also auch der Anstifter den Erfolg in objektiv zurechenbarer Weise. § 26 StGB beschränkt also die Strafbarkeit im Vergleich zur sonst möglichen täterschaftlichen Strafbarkeit.

b) Der Anstifter **bestimmt** den Täter zu seiner Tat, indem er mit diesem über die Tat kommuniziert und so dessen Tatentschluss (in objektiv zurechenbarer Weise) verursacht. War der Täter schon vor der Kommunikation entschlossen, die Tat zu begehen, wurde er nicht bestimmt.

Es kann sein, dass der Täter schon zur Verwirklichung eines Grunddelikts entschlossen war, aufgrund der Kommunikation dann aber einen Qualifikationstatbestand verwirklicht (Aufstiftung).

Beispiel: T plant, dem Opfer Faustschläge zu versetzen. A rät ihm, dabei einen Schlagring zu verwenden. T hält das für eine gute Idee. Mit dem Schlagring bricht er O die Nase. T war zunächst entschlossen, eine Körperverletzung gemäß § 223 Abs. 1 StGB zu begehen, hat dann jedoch auf den Rat des A hin eine gefährliche Körperverletzung (§ 224 Abs. 1 Nr. 2 StGB) verwirklicht. Die h.M. würde in einem solchen Fall annehmen, dass A den T zur gefährlichen Körperverletzung bestimmt hat. Eine a.A. würde darauf verweisen, dass T schon zur Körperverletzung und damit zu einem Teil der gefährlichen Körperverletzung entschlossen war und daher keine Anstiftung (sondern lediglich Beihilfe) annehmen.

Auch kann es sein, dass der Täter auf den Rat eines anderen hin zwar den gleichen Tatbestand wie ursprünglich geplant verwirklicht, dies aber gegenüber einem anderen Opfer, zu einer anderen Zeit, an einem anderen Ort oder auf eine andere Art tut. In solchen Fällen ist anhand einer Gesamtwürdigung der Umstände zu entscheiden, ob der Täter seine ursprünglich geplante Tat begangen hat oder der Anstifter ihn zu einer anderen Tat bestimmt hat (Umstiftung).

2. Subjektiver Tatbestand

Der **Vorsatz** des Anstifter muss sich sowohl auf die vorsätzliche, rechtswidrige Tat des anderen als auch auf das Bestimmen beziehen. Obwohl es keine Besonderheit ist, dass sich der Vorsatz auf mehrere objektive Tatbestandsmerkmale bezieht, wird verbreitet vom doppelten Anstiftervorsatz gesprochen. Besonderheiten ergeben sich beim Vorsatz hinsichtlich der Tat des anderen.

Bei einer Teilnahme am erfolgsqualifizierten Delikt muss auch der Teilnehmer hinsichtlich der Verursachung der schweren Folge nur fahrlässig handeln (§ 18 StGB). Der Vorsatz muss sich dann also nur auf das Grunddelikt beziehen.

Von diesem Erfordernis mach die h.M. jedoch eine Ausnahme, wenn der Anstifter sich Umstände vorstellt, bei denen der Täter keine vorsätzliche, rechtswidrige Haupttat verwirklichen würde, der Anstifter das Delikt aber in mittelbarer Täterschaft begehen würde.

Beispiel: A gibt dem B eine Pistole und sagt, sie sei ungeladen. Er solle damit auf das Opfer schießen. B erkennt, dass die Pistole geladen ist und erschießt das Opfer. B ist strafbar wegen Totschlags. Für A scheidet eine Strafbarkeit wegen vollendeten Totschlags in mittelbarer Täterschaft aus, weil bei B weder ein Strafbarkeits- noch ein Willensmangel vorliegt. Objektiv hat er B jedoch zu dessen vorsätzlichem, rechtswidrigem Totschlag bestimmt. Bei konsequenter Prüfung handelt er jedoch nicht vorsätzlich, weil er davon ausgeht, B begehe keinen vorsätzlichen Totschlag. Es bliebe daher nur versuchter Totschlag in mittelbarer Täterschaft und fahrlässige Tötung. Um dieses Ergebnis zu vermeiden, geht die h.M. davon aus, dass der Vorsatz des Anstifters in dem des mittelbaren Täters enthalten sei. Danach ist A strafbar wegen Anstiftung zum Totschlag.

VI. Beihilfe, § 27 Abs. 1 StGB

Bei der Beihilfe ist im Obersatz neben dem Delikt des Besonderen Teils § 27 Abs. 1 StGB zu zitieren.

1. Objektiver Tatbestand

a) Bei der **vorsätzlichen, rechtswidrigen Tat eines anderen** gilt das Gleiche wie bei der Anstiftung.

b) Eine Beihilfe begeht, wer dem Täter **Hilfe leistet**. Problematisch ist, inwieweit der Gehilfe mit seiner Handlung die Haupttat beeinflussen muss. Nach der h.L. muss der Gehilfe die Haupttat in objektiv zurechenbarer Weise verursachen. Die Rspr. lässt jede Förderung der Haupttat ausreichen. Sie gelangt damit in der Regel zu denselben Ergebnissen wie die h.L.

Beispiel: Der Täter will das Opfer erstechen. Um ihm die Tat zu erleichtern, gibt der Gehilfe dem Täter eine Pistole. Erschießt der Täter das Opfer daraufhin, hat der Gehilfe den Totschlag auch dann verursacht, wenn der Täter das Opfer auch mit Messerstichen getötet hätte. Der Gehilfe muss nach h.L. lediglich die konkrete Art der Tat verursachen, also in diesem Fall den Totschlag durch Erschießen. Die Rspr. würde in diesem Fall argumentieren, dass der Gehilfe die Haupttat gefördert habe. Kein Hilfeleisten liegt hingegen vor, wenn der Täter das Opfer doch ersticht.

Wer dem Täter einen Rat erteilt oder dessen Tatentschluss bestärkt, begeht psychische Beihilfe. Jedoch ist auch insoweit erforderlich, dass der Beitrag Auswirkungen auf die Haupttat hat.

Beispiel: Rät der Gehilfe dem Täter, das Opfer zu erschießen, statt es zu erstechen, leistet er nur dann Hilfe, wenn der Täter dem Rat folgt.

Ob der Gehilfe die Haupttat in objektiv zurechenbarer Weise fördert, ist insbesondere problematisch, wenn seine Handlung sozial üblich ist.

Beispiel: Hat der Gehilfe seinem Nachbarn einen Schraubenzieher geliehen, mit dem dieser das Opfer ersticht, stellt sich im objektiven Tatbestand die Frage, ob er damit Hilfe geleistet hat. Man könnte schon argumentieren, dass der Gehilfe die Haupttat in objektiv zurechenbarer Weise fördern muss. Ob er mit dem Ausleihen ein rechtlich missbilligtes Risiko geschaffen hat, richtet sich nach der Wahrscheinlichkeit, mit welcher der Nachbar den Schraubenzieher zu einem Totschlag verwenden würde. Dabei ist das Sonderwissen des Gehilfen wie sonst auch zu berücksichtigen. Je höher danach das Risiko war, dass der Täter damit einen Menschen erstechen würde, desto eher hat der Gehilfe ein rechtlich missbilligtes Risiko geschaffen, auch wenn es üblich ist, Schraubenzieher an Nachbarn zu verleihen. Die Rspr. hingegen verlangt keine Verursachung in objektiv zurechenbarer Weise. Sie kommt jedoch zu denselben Ergebnissen, indem sie diese Kriterien beim Vorsatz berücksichtigt. Wollte oder wusste der Gehilfe, dass der Nachbar mit dem Schraubenzieher einen Totschlag begehen würde, handelte er vorsätzlich. Hielt er dies lediglich ernsthaft für möglich, kommt es danach darauf an, wie hoch die Wahrscheinlichkeit einer solchen Tat nach den Umständen war, von denen der Täter wusste.

2. Subjektiver Tatbestand

Der **Vorsatz** des Gehilfen bezieht sich auf die Tat des anderen und seine Hilfeleistung. Wie bei der Anstiftung muss auch der Gehilfe bei einer Beihilfe zum erfolgsqualifizierten Delikt nur hinsichtlich des Grundtatbestandes vorsätzlich handeln. Hinsichtlich der schweren Folge reicht gemäß § 18 StGB Fahrlässigkeit.

C. Zusammentreffen verschiedener Modifikationen

Besondere Probleme bereiten Konstellationen, in denen verschiedene Regelungen des Allgemeinen Teils, die Straftatbestände des Besonderen Teils modifizieren, zusammentreffen.

I. Versuch und Unterlassen

Der Täter kann ein versuchtes Unterlassungsdelikt verwirklichen. Dabei sind § 13 Abs. 1 StGB und die Normen, die für den Versuch benötigt werden, neben dem Tatbestand des besonderen Delikts zu zitieren. Bei der Beschreibung des Täterverhaltens ergeben sich keine Besonderheiten (z.B. „Der Täter könnte sich wegen versuchten Totschlags durch Unterlassen gemäß §§ 212 Abs. 1, 13 Abs. 1, 23 Abs. 1, 12 Abs. 1, 22 StGB strafbar gemacht haben, indem er keine ärztliche Hilfe holte."). Besonderheiten ergeben sich beim Tatbestand und beim Rücktritt.

1. Tatbestand

a) Tatentschluss

Der **Tatentschluss** des Täters muss sich auf den objektiven Tatbestand des Unterlassungsdelikts beziehen.

b) Unmittelbares Ansetzen

Umstritten ist, wann der Täter **unmittelbar ansetzt**. Nach der weitesten Ansicht ist erforderlich, dass er die seiner Vorstellung nach erste Möglichkeit der Erfolgsabwendung verpasst. Die engste Auffassung verlangt hingegen, dass er die seiner Vorstellung nach letzte Möglichkeit versäumt. Nach h.M. setzt der Unterlassungstäter unmittelbar an, wenn er seiner Vorstellung nach das Geschehen aus der gibt oder sonst die Gefahr für das Rechtsgut wesentlich erhöht.

Beispiel: Der Täter hat die Aufsicht über ein Kleinkind übernommen, das er auf der Straße spielen lässt. Stellt er sich vor, dass es dort von einem Auto überfahren und so getötet werden kann, setzt er nach der weitesten Auffassung unmittelbar zum Totschlag durch Unterlassen an, wenn er es nicht sofort von der Straße holt. Nach h.M. setzt er erst dann unmittelbar an, wenn sich ein Auto nähert, sich daher nach der Tätervorstellung die Gefahr für das Kleinkind wesentlich erhöht und er trotzdem nicht handelt. Die engste Auffassung würde ein unmittelbares Ansetzen erst bejahen, wenn der Täter den letzten Moment verpasst, in dem er nach seiner Vorstellung das Kind noch vor dem Auto retten könnte.

Eine Gegenüberstellung der verschiedenen Arten von Versuchsdelikten findet sich auf dem Poster in der Mitte dieses Überblicks.

2. Rechtswidrigkeit

Bei der Rechtswidrigkeit gelten neben den allgemeinen Regeln die besonderen Rechtfertigungsgründe des Unterlassungsdelikts. Dabei sind die Besonderheiten der Rechtfertigung beim Versuch zu beachten.

3. Schuld

Bei der Schuld ergeben sich keine Besonderheiten.

4. Rücktritt

Um vom versuchten Unterlassungsdelikt zurückzutreten, muss der Täter nach allgemeiner Ansicht aktiv werden. Nach h.M. muss er also die Vollendung verhindern (§ 24 Abs. 1 S. 1 Alt. 2 StGB) oder sich jedenfalls ernsthaft hierum bemühen (§ 24 Abs. 1 S. 2 StGB). Insoweit gelten die allgemeinen Regeln zum Rücktritt vom Versuch. Nach einer a.A. kann der Täter auch durch Aufgabe der weiteren Tatausführung (§ 24 Abs. 1 S. 1 Alt. 1 StGB) zurücktreten, wenn er die seiner Vorstellung nach ursprünglich gebotene Handlung vornimmt.

Auf das Ergebnis wirkt sich dieser Meinungsstreit jedenfalls in der Regel nicht aus.

Beispiel: Geht man im vorherigen Beispiel davon aus, dass der Täter unmittelbar ansetzt, sobald sich ein Auto nähert und er das Kind nicht von der Straße holt, kann er nach der a.A. noch gemäß § 24 Abs. 1 S. 1 Alt. 1 StGB zurücktreten, indem er das Kind doch noch vor dem fahrenden Auto rettet. Die h.M. würde auch in diesem Fall einen Rücktritt durch Vollendungsverhinderung gemäß § 24 Abs. 1 S. 1 Alt. 2 StGB annehmen. Nach beiden Auffassungen käme hingegen nur ein Rücktritt gemäß § 24 Abs. 1 S. 1 Alt. 2 StGB in Betracht, wenn der Täter das Kind, nachdem es angefahren wurde, rettet, indem er einen Notarzt ruft.

II. Versuch und mittelbare Täterschaft

Verwirklicht das Werkzeug den Tatbestand eines versuchten Delikts, kann der Hintermann das Versuchsdelikt nicht durch das Werkzeug i.S.d. § 25 Abs. 1 Alt. 2 StGB begehen, weil der Versuch des Werkzeugs sich nach dessen Vorstellung richtet, § 25 Abs. 1 Alt. 2 StGB sich aber nur auf die objektive Tathandlung bezieht. Einen mittelbar täterschaftlichen Versuch gibt es also nicht.

Möglich ist es, den Versuch eines mittelbar täterschaftlichen Delikts zu begehen. Dabei sind § 25 Abs. 1 Alt. 2 StGB und die Normen, die für den Versuch benötigt werden, neben dem Tatbestand des besonderen Delikts zu zitieren. Bei der Beschreibung des Täterverhaltens ergeben sich keine Besonderheiten. Solche ergeben sich lediglich auf Tatbestandsebene und beim Rücktritt.

1. Tatentschluss

Der **Tatentschluss** muss sich auf sämtliche objektiven Tatbestandsmerkmale, also auch auf die Voraussetzungen der mittelbaren Täterschaft beziehen. Dabei kommt es nur auf die Vorstellung des mittelbaren Täters, nicht aber auf die Vorstellung des Werkzeugs an.

Beispiel: Der Hintermann täuscht den Vordermann über einen bevorstehenden Angriff des Opfers. Der Vordermann glaubt ihm. Sobald das Opfer sich nähert, schlägt er nach diesem, trifft es aber nicht. Der Vordermann hat in diesem Fall eine versuchte Körperverletzung begangen, ist jedoch (jedenfalls bei Unvermeidbarkeit seines Irrtums) nicht strafbar, weil er sich Umstände vorstellte, bei denen er gemäß § 32 StGB gerechtfertigt gehandelt hätte (Erlaubnistatbestandsirrtum).

Für die Frage, ob der Hintermann sich wegen versuchter Körperverletzung in mittelbarer Täterschaft strafbar gemacht hat, ist nicht entscheidend, dass er die (nicht strafbare) versuchte Körperverletzung des Vordermanns verursacht hat. Maßgeblich ist vielmehr, ob der Hintermann nach seiner eigenen Vorstellung von der Tatbestandsverwirklichung unmittelbar angesetzt hat. Hat der Hintermann sich also vorgestellt, der Vordermann werde erfolglos versuchen, das Opfer zu schlagen, hat er sich nicht wegen versuchter Körperverletzung in mittelbarer Täterschaft strafbar gemacht.

2. Unmittelbares Ansetzen

Das **unmittelbare Ansetzen** ist wie sonst auch auf der Grundlage der Tätervorstellung zu beurteilen. Eine Ansicht sieht die Handlung des Täters und die des Werkzeugs als Einheit an und fordert daher, dass das Werkzeug nach der Vorstellung des Täters zu seiner erfolgsverursachenden Handlung unmittelbar ansetzen muss (Gesamtlösung). Nach einer anderen Ansicht kommt es nur darauf an, ob der mittelbare Täter zu seiner tatbestandlichen Handlung unmittelbar ansetzt (Einzellösung). Die h.M. modifiziert die Einzellösung, indem sie verlangt, dass der mittelbare Täter das Werkzeug aus seinem Einwirkungsbereich entlässt.

Beispiel: Ab wann der Hintermann sich im oben genannten Beispiel wegen versuchter Körperverletzung strafbar macht, richtet sich nach dessen Vorstellung. Nach der Einzellösung reicht es aus, wenn er zu dem Verhalten unmittelbar ansetzt, mit dem er sich vorstellt, den Tatbestand zu verwirklichen, also in diesem Fall zur Täuschung. Die h.M. würde hingegen verlangen, dass er nach der Täuschung den Vordermann aus seinem Einwirkungsbereich entlässt. Die Gesamtlösung würde ein unmittelbares Ansetzen erst bejahen, wenn der Hintermann sich vorstellt, der Schlag des Vordermanns stehe unmittelbar bevor.

3. Rücktritt

Ob der Rücktritt des mittelbaren Täters nach § 24 Abs. 1 StGB oder nach § 24 Abs. 2 StGB beurteilt wird, ist umstritten, aber im Ergebnis bedeutungslos.

Beispiel: Hat der Hintermann den Vordermann im Beispiel getäuscht und geht er davon aus, dass der Vordermann das Opfer deshalb schlagen werde, muss er dies verhindern oder sich jedenfalls ernsthaft hierum bemühen, um zurückzutreten. Ob man auf diese Konstellation § 24 Abs. 1 S. 1 Alt. 2, S. 2 StGB oder § 24 Abs. 2 StGB anwendet, ist für das Ergebnis bedeutungslos.

Meint der Hintermann hingegen, den Vordermann noch nicht von einem bevorstehenden Angriff des Opfers überzeugt zu haben, dies aber noch tun zu können, kann er zurücktreten, indem er nicht weiter auf den Vordermann einwirkt. Dies ergibt sich nach einer Ansicht unmittelbar aus § 24 Abs. 1 S. 1 Alt. 1 StGB. Eine andere Ansicht würde zwar § 24 Abs. 2 S. 1 StGB anwenden. Sie würde aber für die Vollendungsverhinderung ausreichen lassen, dass der Hintermann nicht auf das Opfer einwirkt, wenn er sich vorstellt, dies sei erforderlich, um den Tatbestand zu verwirklichen.

III. Versuch und Mittäterschaft

Da über § 25 Abs. 2 StGB nur Tathandlungen, nicht aber Vorstellungen von Mittätern zugerechnet werden, kann dem einen Mittäter nicht das versuchte Delikt eines anderen Mittäters zugerechnet werden.

Jedoch kann der Versuch eines mittäterschaftlichen Delikts strafbar sein. Dabei sind § 25 Abs. 2 StGB und die Normen, die für den Versuch benötigt werden, neben der Norm des jeweiligen Delikts zu zitieren. Bei der Beschreibung des Täterverhaltens ergeben sich keine Besonderheiten. Solche ergeben sich lediglich auf Tatbestandsebene und beim Rücktritt.

1. Tatentschluss

Der **Tatentschluss** des Täters muss sich auf die objektiven Tatbestandsmerkmale und damit auch auf die Voraussetzungen der Mittäterschaft beziehen. Es kommt nur auf die Vorstellung des jeweiligen Täters, nicht auf die eines Mittäters oder auf den gemeinsamen Tatplan an.

Beispiel: A überredet B dazu, das Opfer zu schlagen. Er findet heraus, wann B das Opfer abpassen kann und trainiert ihn für den Zweikampf. Versucht B anschließend, das Opfer zu schlagen, macht er sich wegen versuchter Körperverletzung strafbar. Dies kann dem A jedoch nicht als Mittäter zugerechnet werden. Geht A davon aus, dass es B trotz des Trainings nicht gelingen werde, das Opfer zu schlagen, hat er keinen Tatentschluss und macht sich schon deshalb nicht wegen versuchter Körperverletzung in Mittäterschaft strafbar. Dies kommt nur in Betracht, wenn A sich vorstellt, B werde es gelingen, das Opfer zu schlagen.

2. Unmittelbares Ansetzen

Problematisch ist wiederum das **unmittelbare Ansetzen**.

Nach einer Ansicht reicht es aus, wenn der Täter zu seinem eigenen Tatbeitrag unmittelbar ansetzt (Einzellösung). Diese Ansicht wird jedoch nur von denen vertreten, die für Mittäterschaft verlangen, dass der Beteiligte im Ausführungsstadium mitwirkt. Geht man mit der h.M. davon aus, dass dies nicht erforderlich ist, kann die Einzellösung nicht richtig sein.

Die h.M. sieht daher die Beiträge aller Mittäter als Einheit an (Gesamtlösung). Erforderlich sei, dass diese Gesamttat durch den Beitrag eines Mittäters in das Versuchsstadium gelange. Ob dies der Fall ist, ist nach der Vorstellung des jeweiligen Täters zu prüfen, dessen Strafbarkeit erörtert wird. Relativ ungeklärt ist, ob der Mittäter den vorgestellten Beitrag tatsächlich erbringen muss.

Beispiel: Im oben genannten Beispiel wäre der Tatentschluss des A nach den Vertretern der Einzellösung also schon nicht auf eine mittäterschaftliche Körperverletzung gerichtet. Nach h.M. käme dies hingegen in Betracht, wenn A sich vorstellt, seine Tatbeiträge seien wesentlich und wenn er ein eigenes Interesse am Taterfolg hat. Trotzdem würde er nicht schon unmittelbar ansetzen, indem er B überredet oder trainiert, das Opfer zu schlagen. Dies wäre erst der Fall, wenn B seiner Vorstellung nach unmittelbar zum Schlag ansetzt. Ob A sich auch wegen Versuchs strafbar macht, wenn er sich dies nur vorstellt, B aber gar nicht zum Schlag ansetzt, ist (selbst innerhalb des BGH) umstritten.

3. Rücktritt

Mittäter können nur gemäß § 24 Abs. 2 StGB zurücktreten, indem sie die Vollendung verhindern oder sich jedenfalls ernsthaft hierum bemühen. Abweichend von diesem Wortlaut können auch Mittäter zurücktreten, indem sie die weitere Tatausführung aufgeben. Der jeweilige Mittäter muss sich hierfür vorstellen, dass noch nicht alles für die Tatbestandsverwirklichung Erforderliche getan wurde (unbeendeter Versuch), dies aber noch getan werden könnte (keine Fehlschlag). Stellt er sich vor, dass für die Vollendung sein Beitrag erforderlich sei, reicht es aus, wenn er diesen unterlässt. Meint er, auch durch den Beitrag eines anderen könne die Tat vollendet werden, kann er einverständlich mit diesem auf weitere Beiträge verzichten.

Beispiel: Im oben genannten Beispiel könnte B also gemäß § 24 Abs. 2 S. 1 StGB zurücktreten, indem er im letzten Moment von einem erfolgreichen Schlag Abstand nimmt. Voraussetzung ist, dass er sich vorstellt, nur durch seinen Schlag könne die Tat vollendet werden. A hingegen kann nur gemäß § 24 Abs. 2 S. 1 StGB zurücktreten, indem er B nach dem unmittelbaren Ansetzen vom Schlag abhält.

IV. Versuch und Anstiftung

Möglich ist die Anstiftung zum Versuch und die versuchte Anstiftung. Besonderheiten ergeben sich jeweils beim Tatbestand und Rücktritt.

1. Anstiftung zum Versuch

a) Tatbestand

aa) Objektiver Tatbestand

Als **vorsätzliche, rechtswidrige Tat** eines anderen gilt auch die versuchte Tat.

Der Anstifter muss den Versuchstäter dazu **bestimmt** haben.

bb) Subjektiver Tatbestand

Für den **Vorsatz** des Anstifters reicht es nicht aus, dass er meint, der Täter werde die Tat versuchen. Erforderlich ist, dass er davon ausgeht, der Täter werde

Ist noch kein unmittelbares Ansetzen zu bejahen, kommt eine Strafbarkeit wegen Verbrechensverabredung (§ 30 Abs. 2 Alt. 3 StGB) in Betracht.

Der Sache nach handelt es sich daher bei der Anstiftung zum Versuch um einen besonderen Fall der versuchten Anstiftung.

die Tat vollenden. Ansonsten stellt er sich nicht vor, mit seiner Anstiftung mittelbar ein Rechtsgut zu verletzen und es fehlt daher am Strafgrund der Teilnahme.

Beispiel: Hat der Anstifter den Täter überredet, das Opfer zu schlagen, macht der Täter sich wegen versuchter Körperverletzung strafbar, wenn er nach dem Opfer schlägt. Eine vorsätzliche, rechtswidrige Tat, zu welcher der Anstifter den Täter bestimmt hat, liegt also vor. Hat der Anstifter sich jedoch vorgestellt, dass der Täter erfolglos nach dem Opfer schlagen werde, hat er nicht vorsätzlich gehandelt.

b) Rücktritt

Für den Rücktritt des Anstifters gelten die Regeln des § 24 Abs. 2 StGB. Er muss also die Vollendung verhindern oder sich jedenfalls ernsthaft hierum bemühen. Insoweit gelten die Erläuterungen zum Rücktritt vom versuchten mittäterschaftlichen Delikt entsprechend.

2. Versuchte Anstiftung, § 30 Abs. 1 StGB

Die Annahme eines Erbietens (§ 30 Abs. 2 Alt. 2 StGB) ist eine besondere Form der versuchten Anstiftung. Wer anbietet, ein Verbrechen zu begehen, macht die Begehung des Verbrechens davon abhängig, dass das Angebot angenommen wird. Die Annahme des Angebots stellt daher ein Bestimmen dar.

Gemäß § 30 Abs. 1 StGB ist nur die versuchte Anstiftung zu einem Verbrechen (§ 12 Abs. 1 StGB) strafbar.

Beispiel: Hat im oben genannten Beispiel der Täter also noch nicht unmittelbar dazu angesetzt, das Opfer zu schlagen, ist der Anstifter nicht wegen einer versuchten Anstiftung zur Körperverletzung strafbar. Hat der Anstifter sich jedoch vorgestellt, der Täter würde das Opfer totschlagen, kommt schon vorher eine Strafbarkeit wegen versuchter Anstiftung zum Totschlag in Betracht.

a) Tatbestand

aa) Tatentschluss

Der **Tatentschluss** muss sich auf die objektiven Merkmale der Anstiftung zum jeweiligen Verbrechen beziehen, also zum einen auf die vorsätzliche, rechtswidrige Tat eines anderen und zum anderen auf das Bestimmen.

Beispiel: Stellt der Anstifter sich also im oben genannten Beispiel vor, der Täter werde das Opfer ohne Tötungsvorsatz töten, kommt eine Strafbarkeit wegen versuchter Anstiftung nicht in Betracht.

bb) Unmittelbares Ansetzen

Der Anstifter muss nach h.M. lediglich zum Bestimmen **unmittelbar ansetzen**, den (vermeintlichen) Täter aber nicht aus seinem Einwirkungsbereich entlassen.

b) Rücktritt

Der Rücktritt von der versuchten Anstiftung ist in § 31 Abs. 1 Nr. 1 StGB speziell geregelt. Danach muss der Täter beim unbeendeten Versuch den **Versuch aufgeben**. Beim beendeten Versuch muss er die **Gefahr, dass der andere die Tat begeht, abwenden**. Es kann jedoch auch ausreichen, wenn er sich **freiwillig und ernsthaft bemüht, die Tat zu verhindern**, § 31 Abs. 2 StGB.

V. Versuch und Beihilfe

Die versuchte Beihilfe ist, wie sich im Umkehrschluss aus § 30 StGB ergibt, straflos. Strafbar ist daher nur die Beihilfe zum Versuch. Insoweit gelten die zur Anstiftung zum Versuch dargestellten Regeln entsprechend.

VI. Unterlassen und mittelbare Täterschaft

1. Unterlassen des Tatmittlers

Veranlasst der Hintermann den Tatmittler zu einem Unterlassungsdelikt, verwirklicht er ein Begehungsdelikt in mittelbarer Täterschaft. Bei der Rechtswidrigkeit gelten die zum Unterlassungsdelikt dargestellten Besonderheiten daher nicht.

Beispiel: Der Vordermann hat mit seinem Auto aus Unachtsamkeit einen Fahrradfahrer angefahren, der daraufhin lebensgefährlich verletzt im Graben liegt. Der Beifahrer ist ausgestiegen, um zu sehen, wie es dem Fahrradfahrer geht. Um schnell weiter zu kommen, sagt er dem Vordermann anschließend, dass es dem Fahrradfahrer gut gehe. Verursacht der Vordermann den Tod des Fahrradfahrers, indem er ihm nicht hilft, verwirklicht er objektiv den Tatbestand des Totschlags durch Unterlassen, handelt jedoch nicht vorsätzlich. Der Beifahrer ist hingegen wegen Totschlags in mittelbarer Täterschaft strafbar, weil er den Tod aktiv durch den Vordermann verursacht hat, indem er diesen getäuscht und ihn so von der Rettung abgehalten hat.

2. Unterlassen des mittelbaren Täters

Nach h.M. kann der Hintermann jedoch ein Unterlassungsdelikt in mittelbarer Täterschaft begehen, indem er den Tatmittler nicht an dessen Handlung hindert. Danach müsste im objektiven Tatbestand geprüft werden, ob der Täter „die Erfolgsabwendung durch einen anderen unterlassen" hat. Nach a.A. bedarf es in solchen Fällen der mittelbaren Täterschaft nicht. Der Unterlassende sei unmittelbarer Täter eines Unterlassungsdelikts. Bei der Rechtswidrigkeit gelten die zum Unterlassungsdelikt dargestellten Besonderheiten.

Beispiel: Der Vater sieht, wie sein 10-jähriger Sohn mit einem Stock auf ein anderes Kind zu rennt, um es damit zu schlagen. Er schreitet jedoch nicht ein. Schlägt der Sohn das andere Kind, ist er nicht wegen (gefährlicher) Körperverletzung strafbar (§ 19 StGB). Der Vater ist jedoch als Garant verpflichtet, solche Handlungen seines Sohnes zu verhindern. Ob er sich wegen (gefährlicher) Körperverletzung durch Unterlassen in mittelbarer oder unmittelbarer Täterschaft strafbar macht, kann dahinstehen.

VII. Unterlassen und Mittäterschaft

1. Gemeinschaftliches Unterlassen

Der jeweilige Täter kann mit seinen (ebenfalls garantenpflichtigen) Mittätern verabreden, dass sie gemeinschaftlich eine Handlung unterlassen. Dann handelt es sich um ein mittäterschaftlich verwirklichtes Unterlassungsdelikt. Im objektiven Tatbestand ist zu prüfen, ob die Beteiligten die Erfolgsabwendung gemeinschaftlich unterlassen haben. Für die Gemeinschaftlichkeit muss dann der gemeinsame Tatplan ausreichen. Im Rahmen der Rechtswidrigkeit gelten die zum Unterlassungsdelikt erörterten Besonderheiten.

Von Bedeutung ist die Mittäterschaft, wenn die Beteiligten die gebotene Handlung nur gemeinschaftlich vornehmen können. Im Übrigen ist Mittäterschaft nicht notwendig, um die Strafbarkeit der Beteiligten wegen eines Unterlassungsdelikts zu begründen.

Beispiel: Wenn im oben genannten Beispiel beide Eltern bemerken, wie ihr Sohn ein anderes Kind mit einem Stock schlagen will, und daraufhin verabreden, nicht dagegen einzuschreiten, machen sie sich wegen mittäterschaftlicher Körperverletzung durch Unterlassen strafbar.

2. Unterlassene Verhinderung des Begehungsdelikts eines Mittäters

Problematisch sind Konstellationen, in denen der Täter mit seinem Mittäter verabredet, dessen Begehungsdelikt nicht zu verhindern. In solchen Fällen geht eine Ansicht davon aus, dass es einer Mittäterschaft nicht bedarf. Der Täter begehe ein Unterlassungsdelikt in unmittelbarer Täterschaft, weil es gleichgültig sei, ob der Erfolg durch einen anderen Begehungstäter oder eine andere Ursache herbeigeführt werde. Die Rspr. meint, der Unterlassende könne in solchen Fällen nur Mittäter sein, wenn er Täterwillen habe. Nach h.L. ist nur von Beihilfe auszugehen, wenn der Täter mit einem anderen verabredet, dessen Begehungsdelikt nicht zu verhindern. In diesem Fall erbringe der Unterlassende keinen wesentlichen Tatbeitrag und habe daher keine Tatherrschaft. Nach allen Ansichten gelten die zum Unterlassungsdelikt erörterten Besonderheiten bei der Rechtswidrigkeit.

Beispiel: Hindert der Vater die Mutter verabredungsgemäß nicht daran, das gemeinsame Kleinkind zu schlagen, ist er nach einer Ansicht unmittelbarer Täter einer Körperverletzung durch Unterlassen. Nach der Rspr. kommt es auf seinen Täterwillen an. Die h.L. würde davon ausgehen, dass der Vater sich wegen Beihilfe zur Körperverletzung durch Unterlassen strafbar macht.

VIII. Unterlassen und Anstiftung

1. Anstiftung durch Unterlassen

Eine Anstiftung durch Unterlassen ist denkbar, wenn der Anstifter nicht verhindert, dass der Täter den Tatentschluss fasst. Da dies nur für Garanten in Betracht kommt, sind sie nach a.A. als unmittelbare Täter eines Unterlassungsdelikts anzusehen.

Beispiel: Erkennt die Mutter des Kleinkindes, dass der alkoholisierte Vater wütend wird, muss sie ihn davon abhalten, den Entschluss zu fassen, das Kind zu schlagen. Tut sie dies nicht und schlägt der Vater das Kind, ist die Mutter nach einer Auffassung unmittelbare Täterin einer Körperverletzung durch Unterlassen. Nach einer anderen Ansicht macht sie sich wegen Anstiftung zur Körperverletzung durch Unterlassen strafbar.

2. Anstiftung zum Unterlassen

Auch kann es sich beim Unterlassungsdelikt um eine vorsätzliche, rechtswidrige Tat handeln, zu der angestiftet werden kann. Insoweit ist umstritten, ob die Garantenpflicht als besonderes persönliches Merkmal i.S.d. § 28 Abs. 1 StGB anzusehen ist. Die wohl h.M. lehnt dies ab. Die Garantenpflicht diene nämlich nur dazu, das Unterlassen des Täters einem Tun gleichzustellen. Für den Anstifter mache es keinen Unterschied, ob er zu einer Handlung oder einem Unterlassen ansetze.

Beispiel: Wenn im oben genannten Beispiel der Beifahrer den Fahrer nicht täuscht, sondern überredet, den verletzten Fahrradfahrer im Graben liegen zu lassen, macht er sich wegen Anstiftung zum Totschlag durch Unterlassen strafbar.

IX. Unterlassen und Beihilfe

1. Beihilfe durch Unterlassen

Nach h.L. verwirklicht derjenige eine Beihilfe durch Unterlassen, der das Begehungsdelikt eines anderen nicht verhindert (s.o.). Durch Unterlassen kann nach allgemeiner Ansicht der Überwachergarant Hilfe leisten, der nicht verhindert, dass die zu überwachende Person eine Beihilfe begeht.

Beispiel: Verhindern die Eltern im oben genannten Beispiel nicht, dass ihr 10-jähriger Sohn einem anderen Kind einen Stock reicht, mit dem das andere Kind das Opfer schlägt, sind die Eltern wegen Beihilfe zur Körperverletzung durch Unterlassen strafbar.

2. Beihilfe zum Unterlassen

Eine Beihilfe zum Unterlassungsdelikt als vorsätzliche, rechtswidrige Tat eines anderen ist nur denkbar durch Bestärken des Tatentschlusses. Auch insoweit ist die Garantenpflicht nicht als besonderes persönliches Merkmal i.S.d. § 28 Abs. 1 StGB anzusehen.

D. Konkurrenzen

Hat der Täter mehrere Straftatbestände verwirklicht, stellt sich die Frage, nach welchen er letztendlich zu bestrafen ist. Sie ist im Gutachten nach der Prüfung der Straftatbestände zu erörtern. Das Gesetz unterscheidet zwischen Tateinheit (§ 52 StGB) und Tatmehrheit (§ 53 StGB).

I. Tateinheit, § 52 StGB

1. Straftatbestände können nur im Verhältnis der Tateinheit zueinander stehen, wenn der Täter sie **durch dieselbe Handlung** verwirklicht. Dies ist auch

Der Unterschied zwischen Tateinheit und Tatmehrheit ist für die Strafzumessung von Bedeutung. Bei Tateinheit wird gemäß § 52 Abs. 1 StGB nur auf eine Strafe erkannt. Wie dann der Strafrahmen bestimmt wird, ist in § 52 Abs. 2 StGB geregelt. Bei Tatmehrheit wird für jede Tat eine Strafe und aus den Einzelstrafen dann nach Maßgabe des § 54 StGB eine Gesamtstrafe gebildet.

der Fall, wenn er sich durch mehrere Handlungen strafbar macht, die einen einheitlichen Lebensvorgang darstellen (natürliche Handlungseinheit). Ob es sich um einen einheitlichen Lebensvorgang handelt, ist anhand verschiedener Umstände festzustellen. Entscheidend ist, ob die Handlungen auf einem einheitlichen Entschluss des Täters beruhen und ein enger zeitlicher und räumlicher Zusammenhang zwischen ihnen besteht.

Beispiel: Tötet der Täter A und B mit einer Handgranate, verwirklicht er zwei mal den Tatbestand des Totschlags durch eine Handlung. Schießt er – wie von vornherein geplant- direkt hintereinander auf A und B, bilden die Schüsse eine natürliche Handlungseinheit.

Hierunter fallen auch Konstellationen, in denen der Täter mehrere Unterlassungsdelikte durch das Unterlassen derselben Handlung verwirklicht. Auch kann das Unterlassen mehrerer Handlungen eine natürliche Einheit bilden.

Beispiel: Der Täter lässt zu, dass ein anderer seine Frau und sein minderjähriges Kind mit einer Handgranate tötet. Er verwirklicht zwei mal den Tatbestand des Totschlags (bzw. der Beihilfe dazu) durch Unterlassen, indem er den Wurf mit der Handgranate nicht verhindert. Lässt der Täter es – wie von Anfang an geplant – zu, dass seine Frau und sein minderjähriges Kind direkt nacheinander erschossen werden, bildet das Unterlassen mehrerer Handlungen eine natürliche Einheit.

Umstritten ist, ob auch Handlungen und Unterlassungen eine Einheit bilden können. Eine Ansicht lehnt dies ab, weil Handeln und Unterlassen nicht identisch sein können. Eine andere Auffassung hält nach den allgemeinen Grundsätzen eine natürliche Einheit für möglich.

Beispiel: Der Täter sieht, wie sein Kleinkind mit einem scharfen Messer spielt. Statt es davon abzuhalten, entschließt er sich, seine Frau zu schlagen. In diesem Fall würde nur die zweite Auffassung eine natürliche Einheit zwischen dem Schlag und dem Unterlassen annehmen, wenn beides auf einem einheitlichen Entschluss beruht und in einem räumlichen und zeitlichen Zusammenhang steht.

2. Durch die Handlung muss der Täter **mehrere Strafgesetze** (ungleichartige Idealkonkurrenz) **oder dasselbe Strafgesetz mehrfach** (gleichartige Idealkonkurrenz) **verletzen.**

a) Auch wenn der Täter verschiedene Straftatbestände verwirklicht, kann es sein, dass nicht alle notwendig erscheinen, um das Unrecht der Tat abzubilden. Diejenigen, die hierfür nicht notwendig sind, treten dann im Wege der Gesetzeskonkurrenz zurück. Gesetzeskonkurrenzen können in verschiedenen Formen auftreten.

aa) Unproblematisch ist, dass ein allgemeinerer Tatbestand hinter einem spezielleren zurücktritt (Spezialität). Um einen allgemeineren Tatbestand in diesem Sinne handelt es sich nur dann, wenn er in jedem denkbaren Fall, in dem der speziellere Tatbestand verwirklicht sein kann, zu bejahen ist.

Beispiel: Begeht der Täter einen Mord, verwirklicht er in jedem Fall auch den allgemeinen Tatbestand des Totschlags. Da jede Vollendung einen Versuch voraussetzt, sind auch die versuchten Taten allgemeiner im Verhältnis zu den vollendeten. Auch beinhaltet jedes Tötungsdelikt eine Körperverletzung.

bb) Jenseits der Spezialität kann es sein, dass ein Tatbestand nur hilfsweise anzuwenden sein soll, nämlich wenn ein anderer nicht verwirklicht ist. Ansonsten tritt der eine hinter dem anderen im Wege der Subsidiarität zurück.

Beispiel: Sticht der Täter mit einem Messer in Richtung des Opfers und trifft es unglücklich am Auge, ist eine etwaige schwere Körperverletzung (§ 226 Abs. 1 StGB) im Verhältnis zur einfachen Körperverletzung (§ 223 Abs. 1 StGB) das speziellere Delikt. Dies gilt jedoch nicht im Verhältnis zur gefährlichen Körperverletzung mittels eines gefährlichen Werkzeugs (§ 224 Abs. 1 Nr. 2 StGB), weil schwere Körperverletzungen auch ohne gefährliche Werkzeuge verwirklicht werden können. Da § 224 Abs. 1 Nr. 2 StGB gefährliche Körperverletzungen verhindern soll und sich bei § 226 Abs. 1 StGB die Ge-

Dieses Beispiel macht deutlich, dass Gesetzeskonkurrenzen nicht erst am Ende eines Gutachtens relevant sind. Sie können bereits dazu führen, dass Straftatbestände in einem Gutachten mit keinem Wort angesprochen werden müssen. Hat man im Beispiel den vollendeten Mord bejaht, müssen die genannten allgemeineren Delikte nicht geprüft werden.

fahr sogar realisiert hat, lässt sich jedoch vertreten, dass die gefährliche Körperverletzung nur anwendbar sein soll, wenn keine schwere vorliegt. Nach h.M. ist hingegen Tateinheit anzunehmen, um die nur in § 224 StGB enthaltene vorsätzliche Gefahrschaffung zum Ausdruck zu bringen.

cc) Auch kann es im Einzelfall sein, dass ein Straftatbestand als typische Begleittat von einem anderen konsumiert wird.

Beispiel: Tötet der Täter das Opfer, beschädigt oder zerstört er typischerweise dessen Kleidung. Der Totschlag konsumiert daher die Sachbeschädigung.

b) Der Täter kann nur dann durch eine Handlung dasselbe Strafgesetz mehrfach verletzen, wenn verschiedene Opfer betroffen sind. Verletzt er dasselbe Opfer mit mehreren Verhaltensweisen, die als natürliche Einheit zu betrachten sind, handelt es sich nur um eine Tatbestandsverwirklichung (und damit nicht um ein Problem der Konkurrenzen).

Beispiel: Schlägt der Täter mehrfach hintereinander auf das Opfer ein, begeht er nur eine Körperverletzung. Schlägt er direkt hintereinander zwei Opfer, macht er sich wegen zweifacher, tateinheitlicher Körperverletzung strafbar.

II. Tatmehrheit, § 53 StGB

Verwirklicht der Täter durch verschiedene Handlungen Straftatbestände und werden die Handlung auch nicht als natürliche Einheit angesehen, können die Straftatbestände nur im Verhältnis der Tatmehrheit zueinander stehen. Dann kann es sein, dass ein Tatbestand einen anderen als mitbestrafte Vor- oder Nachtat konsumiert.

Beispiel: Der Anstifter versucht den Täter zu überreden, das Opfer umzubringen. Nachdem er zunächst gescheitert ist, versucht er es am nächsten Tag nochmal, dieses Mal mit Erfolg. Der Täter tötet das Opfer. Die Anstiftung zum Totschlag am zweiten Tag konsumiert die mitbestrafte Vortat der versuchten Anstiftung zum Totschlag am ersten Tat.

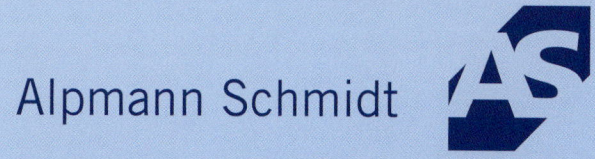

Alpmann Schmidt

Alles in bester Ordnung:

Alpmann Schmidt – die vollständige und kompetente Begleitung durch Jurastudium und Referendariat

Die Grundlagen

Basiswissen

Fälle

Das komplette Examenswissen

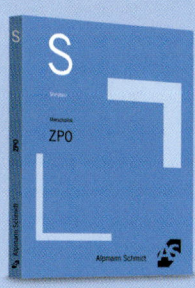

Skripten

Skripten 2. Examen

Die Helfer für alle Fälle

Überblick

Aufbauschemata

Definitionen

Karteikarten

Mit Sicherheit ins Examen

Klausuren 1. Examen

Klausuren 2. Examen

Ihre Examensfälle von morgen

Rechtsprechungs Übersicht

Das Plus für Referendare

Alpmann und Schmidt Juristische Lehrgänge Verlagsgesellschaft mbH & Co. KG
Alter Fischmarkt 8 • 48143 Münster • Tel.: 0251-98109-0 • www.alpmann-schmidt.de

ISBN: 978-3-86752-579-4

€ 5,00

9 783867 525794

C. Cotic   C. Hammes   T. Lingenfelder

Urologie

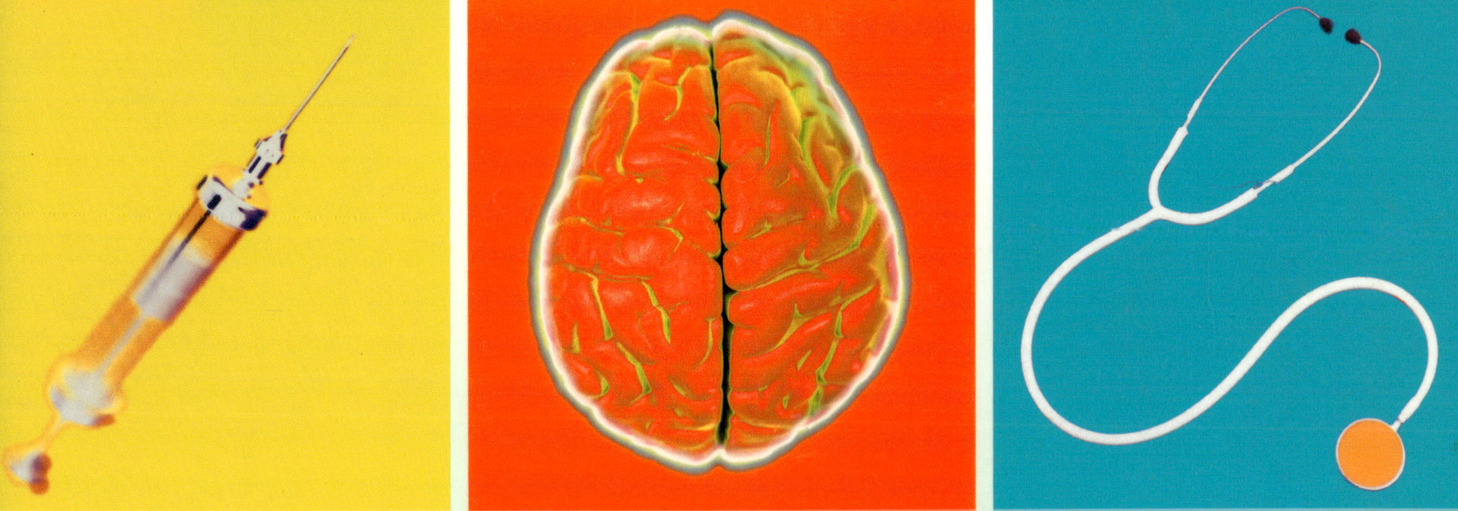

BASICS

URBAN & FISCHER